Maibaum

Das Pflanzen-bestimmungsbuch

Gehölze

von

Dr. Friedhelm Jacobi

mit über 1 000 Farbfotos

Dr. Felix Büchner
Handwerk und Technik – Hamburg

Vorwort

Das **Pflanzenbestimmungsbuch Gehölze** enthält 259 prüfungsrelevante Gehölze des mitteleuropäischen Gartenbaus bzw. Garten- und Landschaftsbaus. Dadurch ist es für Auszubildende und Studierende besonders geeignet, vornehmlich in Ergänzung mit der *CD-ROM Pflanzenkenntnisse Gehölze* (HT 41569).

Gleichzeitig beinhaltet das Bestimmungsbuch im Wesentlichen die vom Verbraucher zurzeit nachgefragten Gehölze. Dies dürfte gerade für den Laien von besonderem Interesse sein, da ein so beim Nachbarn erkanntes Gehölz, welches man gerne selbst im Garten hätte, zielsicher beim Gärtner eingekauft werden kann.

Aus diesen Gründen wurde als Bestimmungsschlüssel die Blattform der Gehölze gewählt. Dieser Bestimmungsschlüssel kann sowohl vom Auszubildenden (ohne Vorkenntnisse) als auch vom Laien leicht angewendet werden. Für seine Wahl spricht auch, dass Blätter – im Gegensatz zu Blüten – die gesamte Vegetationsperiode als Bestimmungsmerkmal zur Verfügung stehen (bei den Nadelgehölzen sogar ganzjährig). Die Blattformen sind in 14 Gruppen – Abteilungen – eingeteilt. Jedes Gehölz wird auf einer Buchseite in Fotos und im Text dargestellt.

Vorgehensweise der Gehölzbestimmung:
1. Im Inhaltsverzeichnis wird eine zum Gehölzblatt passende Abteilung ausgesucht.
2. Die Einstiegsseite der ausgesuchten Abteilung zeigt auf einer Fotoübersicht sämtliche Gehölze mit der entsprechenden Blattform. Hier sucht man das zum Blatt passende Gehölz aus.
3. Indem man nun zur angegebenen Seite vorblättert, kann man mithilfe weiterer Fotos von Blättern, Blüten, Früchten, Knospen, Rinden usw. eine genaue Bestimmung des Gehölzes vornehmen.
4. Eine weitere Bestimmungshilfe stellt die Beschreibung des Gehölzes im Text unter den Fotos dar.

Bei der Bestimmung der Gehölze mit den Blattformen „eiförmig", „lanzettlich" und „oval" stellt man fest, dass es sich um recht ähnliche Blattformen handelt. Um die Suche zu erleichtern, wurden, zusätzlich zur „Abteilung eiförmig", drei weitere eiförmige Abteilungen (Abt. 5, 6 und 7) gebildet.

Am Ende des Bestimmungsbuches sind sämtliche Gehölze alphabetisch nach ihren botanischen sowie deutschen Namen aufgelistet.

Es ist das Hauptanliegen dieses Bestimmungsbuchs mit einem einfachen Leitsystem insbesondere Auszubildenden, aber auch Laien eine Möglichkeit zu bieten, ein Bestimmungsverfahren zielsicher und erfolgreich einzusetzen. Gleichzeitig soll es bei möglichst vielen Menschen wieder Interesse an unseren gartenbaulich genutzten Gehölzen wecken.

Autor und Verlag wünschen viel Freude und Erfolg bei der Gehölzbestimmung

Inhaltsverzeichnis

Abteilung 1   **Gehölze mit gelappten Blättern** 1
Definition: Die Blattoberfläche ist mehr oder weniger durch Einschnitte in Lappen geteilt.

Abteilung 2   **Gehölze mit gefingerten Blättern** 29
Definition: Bei gefingerten Blättern entspringen alle Einzelblätter einem Punkt.

Abteilung 3   **Gehölze mit gefiederten Blättern** 39
Definition: Das Blatt setzt sich aus mehreren eigenständigen Blättchen zusammen.

Abteilung 4   **Gehölze mit eiförmigen und verkehrt eiförmigen Blättern** 76
Definition: Bei den eiförmigen Blättern befindet sich der größte Blattdurchmesser etwas außerhalb der Blattmitte; die Blattspitze ist abgerundet (bei den breit eiförmigen Blättern kann sie auch spitz ausgeformt sein).

Abteilung 5   **Gehölze mit länglich eiförmigen bis lanzettlichen und eiförmigen bis lanzettlichen Blättern** 108
Definition: Blattform wie bei den eiförmigen Blättern, aber eine längliche oder lanzettliche Form mit leicht zugespitzten Blattenden kann auch vorkommen.

III

Inhaltsverzeichnis

Abteilung 6   **Gehölze mit breit eiförmigen und eiförmigen bis runden Blättern** 117
Definition: Blattform wie bei den eiförmigen Blättern, jedoch eine sehr breite Eiform bis hin zu einer fast runden Form.

Abteilung 7   **Gehölze mit eiförmigen bis elliptischen und länglich eiförmigen bis elliptischen Blättern** 129
Definition: Bei dieser Eiform handelt es sich um eine Übergangsform hin zur elliptischen (ovalen) Form. D. h., dass die Blätter (je nach Gehölz und Standort) mal mehr einer Eiform und mal mehr einer ovalen Form ähneln können.

Abteilung 8   **Gehölze mit lanzettlichen Blättern** 139
Definition: Bei den lanzettlichen Blättern befindet sich der größte Blattdurchmesser, wie bei den eiförmigen, etwas unterhalb der Blattmitte; im Gegensatz zu den eiförmigen Blättern haben die lanzettlich geformten Blätter ein spitzes Blattende.

Abteilung 9   **Gehölze mit elliptischen (ovalen) Blättern** 171
Definition: Bei den elliptischen Blattformen befindet sich die breiteste Stelle in der Mitte des Blattes; die Formen reichen von schmal elliptisch über elliptisch (= oval) und breit elliptisch bis zur Extremform kreisförmig.

Inhaltsverzeichnis

| Abteilung 10 | Gehölze mit dreieckigen, rhombischen und fächerförmigen Blättern .... 216 |

Definition: Das Aussehen der Blätter kann zwischen einer nahezu dreieckigen Form bis zur Rautenform (rhombenförmig) variieren bzw. ein fächerförmiges Aussehen haben.

| Abteilung 11 | Gehölze mit herzförmigen Blättern .... 220 |

Definition: Herzförmige Blätter erinnern an ein stilisiertes Herz (die beiden „Herzseiten" müssen nicht symmetrisch sein).

| Abteilung 12 | Gehölze mit nadelförmigen Blättern, einzeln stehend .... 237 |

Definition: Die Ränder der Blätter verlaufen nahezu parallel; das Verhältnis zwischen Länge und Breite ist sehr groß.

| Abteilung 13 | Gehölze mit nadelförmigen Blättern, in Gruppen stehend .... 256 |

Definition: Die Ränder der Blätter verlaufen nahezu parallel; das Verhältnis zwischen Länge und Breite ist sehr groß. Die Blätter sitzen zu mehreren zusammen am Ast.

V

Inhaltsverzeichnis

Abteilung 14	Gehölze mit nadelförmigen Blättern, schuppenartig am Ast sitzend 269
	Definition: Die Ränder der Blätter verlaufen mehr oder weniger parallel; das Verhältnis zwischen Länge und Breite ist groß. Im Gegensatz zu den einzeln stehenden Nadeln der Gruppe 12 liegen die Nadeln in dieser Gruppe sehr eng (schuppenartig) an den Ästen an.

Pflanzenverzeichnis, geordnet nach botanischen Namen 286
Pflanzenverzeichnis, geordnet nach deutschen Namen 291
Literaturverzeichnis 298

ISBN   3-582-04158-1
ISBN 978-3-582-04158-6

Das Werk und seine Teile sind urheberrechtlich geschützt. Jede Nutzung in anderen als den gesetzlich zugelassenen Fällen bedarf der vorherigen schriftlichen Einwilligung des Verlages. Hinweis zu § 52 a UrhG: Weder das Werk noch seine Teile dürfen ohne eine solche Einwilligung eingescannt und in ein Netzwerk eingestellt werden. Dies gilt auch für Intranets von Schulen und sonstigen Bildungseinrichtungen.

Verlag Dr. Felix Büchner –
Verlag Handwerk und Technik G.m.b.H.
Lademannbogen 135, 22339 Hamburg;
Postfach 63 05 00, 22331 Hamburg – 2006
Internet-Adresse: www.handwerk-technik.de
E-Mail: info@handwerk-technik.de

Fotos: Dr. Friedhelm Jacobi
Umschlaggestaltung: harro.Wolter@freenet.de
Druck und Bindung: Druckerei zu Altenburg,
04600 Altenburg

ABTEILUNG 1

Gehölze mit gelappten Blättern

Acer campestre (Feld-Ahorn): S. 3

Acer japonicum 'Aconitifolium' (Japanischer Feuerahorn): S. 4

Acer palmatum 'Dissectum' (Grüner Schlitz-Ahorn): S. 5

Acer platanoides (Spitz-Ahorn): S. 6

Acer pseudoplatanus (Berg-Ahorn): S. 7

Acer saccharinum (Silber-Ahorn): S. 8

Crataegus laevigata 'Paul's Scarlet' (Rotdorn 'Paul's Scarlet'): S. 9

Crataegus monogyna (Eingriffliger Weißdorn): S. 10

Hedera helix (Efeu, gewöhnlicher Efeu) S. 11

Hibiscus syriacus (Strauch-Eibisch): S. 12

Hibiscus syriacus 'Leopoldii' (Strauch-Eibisch 'Leopoldii'): S. 13

Liquidambar styraciflua (Amberbaum): S. 14

Abteilung 1: Gehölze mit gelappten Blättern

Liriodendron tulipifera (Tulpenbaum, Amerikanischer Tulpenbaum): S. 15

Parthenocissus tricuspidata 'Veitchii' (Wilder Wein, Dreispitz-Jungfernrebe): S. 16

Physocarpus opulifolius 'Dart's Gold' (Fasanenspiere, Blasenspiere 'Darts Gold'): S. 17

Physocarpus opulifolius 'Diabolo' (Teufelsstrauch): S. 18

Platanus x hispanica (Platane): S. 19

Quercus palustris (Sumpf-Eiche): S. 20

Quercus robur (Sommer-Eiche, Stiel-Eiche): S. 21

Quercus robur 'Fastigiata' (Säuleneiche, Pyramiden-Eiche): S. 22

Ribes sanguineum (Blut-Johannisbeere): S. 23

Spiraea x vanhouttei (Pracht-Spiere): S. 24

Stephanandra tanakae (Große Kranzspiere): S. 25

Viburnum opulus (Gewöhnlicher Schneeball): S. 26

Viburnum opulus 'Compactum' (Schneeball 'Compactum'): S. 27

Viburnum opulus 'Roseum' (Echter Schneeball, Gefüllter Schneeball): S. 28

Abteilung 1: Gehölze mit gelappten Blättern

Acer campestre (Feld-Ahorn, Maßholder)

Beschreibung: Acer campestre ist ein Baum, der auch strauchartig wächst. Seine Krone ist unregelmäßig kegelförmig, tief angesetzt und häufig mehrstämmig. Er erreicht eine Höhe von bis zu 20 m. Seine Blätter sind 3- bis 5-fach gelappt. Die Blüten sind unauffällig gelbgrün gefärbt und erscheinen, in Doldentrauben herunterhängend, im Mai.

Standort: Acer campestre ist ein Herzwurzler mit hohem Feinwurzelanteil. Er wächst auf allen Bodenarten und gedeiht in der Sonne wie im Schatten. Der Feld-Ahorn wächst langsam, aber er ist trockenheitsresistent, schattenverträglich und windfest.

Verwendung: Im Siedlungsbereich wird der Feld-Ahorn als kleinkroniger Straßenbaum eingesetzt. Seine Verwendung im Landschaftsbereich ist vielfältig. Man setzt ihn als Landschaftsschutzgehölz ein in Gruppen- und Mischpflanzungen sowie in Knicks als Wind-, Boden- und Vogelschutz.

Abteilung 1: Gehölze mit gelappten Blättern

Acer japonicum 'Aconitifolium' (Japanischer Feuerahorn)

Beschreibung: Acer japonicum 'Aconitifolium' ist ein Strauch und wächst baumförmig, locker aufrecht. Im Alter ist er breit ausladend. Seine Blätter sind 5- bis 7-lappig; man nennt diese Blattform fiederlappig. Die Herbstfärbung der Blätter ist leuchtend rot. Er blüht im April bis Mai.
Standort: Frisch-humose Böden mit schwachsauren pH-Werten sind optimal für ihn; er bevorzugt sonnige bis halbschattige Standorte.
Verwendung: Verwendet wird der Japanische Feuerahorn als Solitärgehölz und zur Gruppenbepflanzung von Haus- und Vorgärten, in Atriumgärten und an Terrassen sowie zur Bepflanzung von Steingärten, Vorgärten, Gräbern, Dachgärten und Pflanzgefäßen. Auch als Rhododendron-Begleiter wird er häufig gepflanzt.

Abteilung 1: Gehölze mit gelappten Blättern

Acer palmatum 'Dissectum' (Grüner Schlitz-Ahorn)

Beschreibung: Acer palmatum 'Dissectum' ist ein Strauch und wächst rund bis schirmförmig. Er erreicht eine Höhe von 2 bis 3 m und eine Breite von 2 bis 4 m. Seine hellgrünen, 5 bis 10 cm großen Blätter sind 5- bis 7-lappig, manchmal auch mehrlappig; man nennt diese Blattform fiederlappig. Die Herbstfärbung der Blätter ist rot bis orange. Er blüht von Anfang bis Ende Juni; die Blüten hängen in Trauben zusammen und haben eine purpurne Farbe.

Standort: Der Grüne Schlitz-Ahorn ist ein Flachwurzler und braucht frische bis feuchte Böden mit mittleren bis hohen Humusgehalten und sauren bis schwach alkalischen pH-Werten. Der Nährstoffgehalt der Böden sollte mittel bis hoch sein; die Lichtintensität kann zwischen sonnig und halbschattig variieren.

Verwendung: Verwendet wird Acer palmatum 'Dissectum' vor allem als Solitärgehölz zur Bepflanzung von Steingärten und Bachrändern, zur Grabbepflanzung und als Rhododendron-Begleiter.

Abteilung 1: Gehölze mit gelappten Blättern

Acer platanoides (Spitz-Ahorn)

Beschreibung: Acer platanoides ist ein Groß-Baum. Seine Krone ist tief angesetzt, breit bis rund und dicht. Er erreicht eine Höhe von bis zu 40 m. Seine Blätter sind groß und 5- bis 7-fach gelappt; die Lappen enden sehr spitz. Die Blüten sind zitronengelb gefärbt und duften. Sie hängen in Doldentrauben zusammen und erscheinen im April, vor oder während des Blattaustriebs.

Standort: Acer platanoides ist ein Flach- bis Herzwurzler; er gedeiht auf allen Böden, die mäßig trocken bis frisch sind. Seine Lichtansprüche reichen von sonnig bis halbschattig. Der Spitz-Ahorn ist absolut frosthart, liebt aber die Wärme.

Verwendung: Im Siedlungsbereich wird Acer platanoides als Straßen- und Alleebaum eingesetzt. In der Landschaft pflanzt man ihn als Pionier-, Solitär- oder Gruppengehölz sowie in Windschutzpflanzungen.

Abteilung 1: Gehölze mit gelappten Blättern

Acer pseudoplatanus (Berg-Ahorn)

Beschreibung: Acer pseudoplatanus ist ein Groß-Baum. Seine Krone ist tief angesetzt und breit bis rund. Er erreicht eine Höhe von bis zu 40 m. Seine Blätter sind groß und 5-fach gelappt. Die Blüten sind unauffällig gelbgrün gefärbt und erscheinen, in langen Trauben herunterhängend, im Mai bis Juni.

Standort: Acer pseudoplatanus ist ein Tiefwurzler; er braucht frische bis feuchte Böden und hohe Luftfeuchtigkeit. Seine Lichtansprüche reichen von sonnig bis halbschattig. Der Berg-Ahorn ist empfindlich gegenüber Hitze, Luftverschmutzung und längeren Trockenheitsperioden.

Verwendung: Im Siedlungsbereich wird Acer pseudoplatanus als Straßen- und Alleebaum eingesetzt. Seine Verwendung im Landschaftsbereich ist vielfältig. Man setzt ihn als Solitärbaum, in Gruppen- und Mischpflanzungen, in Knicks und als Dorf- und Hofbaum ein; darüber hinaus dient er auch als Vogelnährgehölz.

Acer saccharinum (Silber-Ahorn)

Beschreibung: Acer saccharinum gehört zur Gruppe der Groß-Bäume. Er wächst breitkronig, weit ausladend mit überhängenden Zweigen und häufig mehrstämmig. Seine Wuchshöhe beträgt max. 30 m. Acer saccharinum hat 5-fach gelappte Blätter, die tief geteilt, auf der Oberseite hellgrün und unterseits silbergrau sind. Die Herbstfärbung ist leuchtend gelb. Die rotgrünlichen, zweihäusigen Blütendolden erscheinen vor dem Blattaustrieb im März.
Standort: Der Silber-Ahorn ist ein Flachwurzler mit weit ausstreichenden Wurzeln. Er bevorzugt feuchte, saure bis neutrale Böden. Er sollte einen freien, aber windgeschützten Stand haben, da er zu Windbruch neigt.
Verwendung: Man setzt Acer saccharinum als Solitär- und Gruppengehölz im Siedlungsbereich und in großen Grünanlagen und Parks ein.

Abteilung 1: Gehölze mit gelappten Blättern

Crataegus laevigata 'Paul's Scarlet' (Rotdorn)

Beschreibung: Crataegus laevigata 'Paul's Scarlet' ist ein bis zu 7 m hoch wachsender Groß-Strauch bzw. Klein-Baum. Seine Krone wächst breit kegelförmig und ist locker aufgebaut. Die verkehrt eiförmigen Blätter sind 3- bis 5-lappig, auf der Oberseite glänzend dunkelgrün und unterseits matthellgrün gefärbt. Im Mai öffnen sich leuchtend-karminrote, gefüllte Blüten; sie stehen in Doldenrispen zusammen, die einen Durchmesser von ca. 8 cm erreichen können.
Standort: Der Boden sollte tief- bis sehr tiefgründig sein und der pH-Wert zwischen leicht sauer und alkalisch liegen.
Verwendung: Crataegus laevigata 'Paul's Scarlet' wird im Siedlungsbereich als Ziergehölz, als Straßenbaum, auf Parkplätzen, in Fußgängerzonen, Hinterhöfen und zur Dachbegrünung eingesetzt. Er verträgt starken Rückschnitt problemlos.

Abteilung 1: Gehölze mit gelappten Blättern

Crataegus monogyna (Eingriffliger Weißdorn)

Beschreibung: Crataegus monogyna ist ein bis zu 10 m hoch wachsender Groß-Strauch bis Klein-Baum. Er wächst unregelmäßig rundkronig bis schirmförmig. Die Blätter sind 3- bis 7-lappig, 3 bis 5 cm lang, auf der Oberseite dunkelgrün und unterseits blassgrün gefärbt. Die Blütezeit liegt zwischen Anfang Mai und Ende Juni; die weißen Blüten stehen in Doldenrispen zusammen. Die dunkelroten, ca. 0,9 cm langen, eiförmigen Früchte (Beeren) reifen zwischen Anfang August und Ende Oktober.
Standort: Der Boden sollte tief- bis sehr tiefgründig sein, der pH-Wert kann zwischen leicht sauer und alkalisch variieren.
Verwendung: Crataegus monogyna wird in der Landschaft sehr vielfältig eingesetzt. Man verwendet ihn als Gruppengehölz, in Misch- und Schutzpflanzungen und für Rekultivierungsmaßnahmen. Da der Eingriffige Weißdorn feuerbrandgefährdet ist, sollte man ihn nicht in die Nähe von Obstgehölzen pflanzen bzw. nicht dort wachsen lassen.

Abteilung 1: Gehölze mit gelappten Blättern

Hedera helix (Efeu, gewöhnlicher Efeu)

Beschreibung: Hedera helix ist ein wüchsiger Haftwurzelkletterer, der eine Höhe von 10 bis 20 m erreicht. Die immergrünen Blätter sind in ihrer Jugend dreilappig, im Alter gehen sie in eine Rautenform über. Sie sind 4 bis 6 cm lang und glänzend grün. Die erste Blüte erfolgt ertwa nach dem 10. Standjahr. Die gelben Blüten stehen in Dolden zusammen; die Blütezeit reicht von September bis Oktober. Die Früchte reifen im folgenden Jahr zu kugeligen, schwarzen Beeren heran.
Standort: Der Gewöhnliche Efeu braucht humose, mäßig trockene bis feuchte, alkalische bis saure, nährstoffreiche, kalkhaltige Böden; der Standort sollte halbschattig bis schattig sein.
Verwendung: Im Siedlungsbereich verwendet man den Gewöhnlichen Efeu zur flächendeckenden Fassaden- und Wandbegrünung sowie als Bodendecker.
Hinweis: Hedera helix ist stadtklimafest, anspruchslos und sehr langlebig. Er hat ein hohes Ausschlagvermögen; alle Pflanzenteile sind giftig!

Abteilung 1: Gehölze mit gelappten Blättern

Hibiscus syriacus
(Eibisch, Strauch-Eibisch)

Beschreibung: Hibiscus syriacus ist ein straff aufrecht und buschig wachsender Strauch mit einer Höhe von 2 bis 3 m. Die Blätter sind 3 fach gelappt, gezähnt und 5 bis 10 cm lang; im Herbst färben sie sich gelb. Nach ca. 3 bis 5 Jahren erscheinen ab Ende Juli große Einzelblüten; die Blütezeit reicht bis zum ersten Frost.
Standort: Der Eibisch wurzelt tief und fleischig. Er braucht durchlässige, frische, humusreiche Böden in warmen, frostgeschützten Lagen.
Verwendung: Verwendet wird Hibiscus syriacus in Gärten vor allem als Blütenstrauch in Einzelstellung sowie in Pflanzgefäßen und an Terrassen.

Abteilung 1: Gehölze mit gelappten Blättern

Hibiscus syriacus 'Leopoldii'
(Eibisch, Strauch-Eibisch 'Leopoldii')

Beschreibung: Hibiscus syriacus 'Leopoldii' ist ein straff aufrecht und buschig wachsender Strauch mit einer Höhe von 2 bis 3 m. Die Blätter sind 3-fach gelappt, gezähnt und 5 bis 10 cm lang; im Herbst färben sie sich gelb. Ab Ende Juli beginnt die Blütezeit des Eibischs mit großen Einzelblüten; sie reicht bis zum ersten Frost.
Standort: Der Eibisch wurzelt tief und fleischig. Er braucht durchlässige, frische, humusreiche Böden in warmen, frostgeschützten Lagen.
Verwendung: Verwendet wird Hibiscus syriacus 'Leopoldii' in Gärten als Blütenstrauch in Einzelstellung oder in Gruppenpflanzungen sowie in Pflanzgefäßen und an Terrassen.

Liquidambar styraciflua
(Amberbaum, Amerikanischer Amberbaum)

Beschreibung: Liquidambar styraciflua ist ein 20 bis 30 m groß wachsender Baum bis Groß-Baum. Er wächst je nach Standort von schlank kegelförmig bis hochgewölbt-rundlich. Die gelappten Blätter sind groß (12 bis 15 cm), glänzend dunkelgrün, 5- bis 7-lappig und in der Herbstfärbung vielfarbig und auffallend. Die im März erscheinenden männlichen Blüten stehen in 5 bis 7 cm langen Trauben zusammen. Die weiblichen Blüten zeigen sich in Form von langgestielten, hängenden Köpfchen. Die Früchte bestehen aus 2 bis 3 cm langen Kapseln.

Standort: Der Amberbaum ist ein Tiefwurzler; die fleischigen Wurzeln streichen weit aus. Er braucht saure bis neutrale und ausreichend feuchte und nahrhafte Böden.

Verwendung: Liquidambar styraciflua wird im Siedlungsbereich als Solitärgehölz verwendet, bevorzugt an Teichrändern.

Liriodendron tulipifera
(Tulpenbaum, Amerikanischer Tulpenbaum)

Beschreibung: Liriodendron tulipifera ist ein Groß-Baum von 25 bis 35 m Höhe mit einer pyramidalen Krone; im Alter wird sie mehr rundlich und locker. Die 8 bis 15 cm langen und breiten, gelappten Blätter sind oben frischgrün und unterseits schwach bläulich gefärbt. Die Herbstfärbung ist goldgelb. Die im Juni erscheinenden tulpenähnlichen Blüten sind 4 bis 5 cm lang und von gelblichgrüner Farbe. Die Früchte reifen zu 6 bis 8 cm langen Zapfen heran.
Standort: Der Tulpenbaum ist ein Herzwurzler mit tiefreichenden, fleischigen Wurzeln. Der Boden soll sandig-humos, tiefgründig und sauer bis schwach alkalisch sein.
Verwendung: Verwendet wird Liriodendron tulipifera für die Einzelstellung und in Gruppen in großräumigen Anlagen.

Parthenocissus tricuspidata 'Veitchii'
(Wilder Wein, Dreispitz-Jungfernrebe)

Beschreibung: 'Parthenocissus tricuspidata Veitchii' ist ein wüchsiger Haftscheibenkletterer, der eine Höhe von 12 bis 20 m erreicht. Die sommergrünen, dreizählig gelappten Blätter sind leuchtend grün gefärbt (im Herbst auffallend purpurrot). Sie sind scharf gesägt und bis zu 15 cm lang. Die kleinen, gelblichen Einzelblüten stehen im Juni und Juli in Trugdolden zusammen. Ab Oktober reifen kleine, blauschwarze Beeren; sie sind nicht genießbar.
Standort: Die Deispitz-Jungfernrebe braucht sandig-lehmige, frische, neutrale bis alkalische und nährstoffreiche Böden auf sonnigen bis halbschattigen Standorten.
Verwendung: Im Siedlungsbereich verwendet man den Selbstklimmer zur Begrünung von Mauern, Wänden, Pergolen, Lauben, Säulen und Zäunen.
Hinweis: Parthenocissus tricuspidata stellt keine besonderen Ansprüche an den Standort; er ist stadtklimafest, rauchhart, frosthart und jederzeit schnittverträglich.

Abteilung 1: Gehölze mit gelappten Blättern

Physocarpus opulifolius 'Darts Gold'
(Fasanenspiere, Blasenspiere 'Darts Gold')

Beschreibung: Physocarpus opulifolius 'Darts Gold' ist ein Strauch mit einer Höhe von 1 bis 1,5 m, der buschig, aufrecht und überhängend wächst. Die eiförmigen, fünflappigen, gelben Blätter sind 3 bis 8 cm lang. Die ca. 1 cm großen, weißen Blüten erscheinen im Juni. Sie stehen in ca. 5 cm großen Doldentrauben zusammen.
Standort: Die Blasenspiere 'Darts Gold' wurzelt sowohl tief als auch flach. An den Boden stellt sie keine besonderen Ansprüche; der pH-Wert des Bodens sollte zwischen schwach sauer bis alkalisch liegen.
Verwendung: Verwendung findet Physocarpus opulifolius 'Darts Gold' in privaten Gärten und öffentlichen Anlagen zur Unterpflanzung von größeren Gehölzen, als Deckstrauch, Windschutzhecke und freiwachsende Hecke.

Abteilung 1: Gehölze mit gelappten Blättern

Physocarpus opulifolius 'Diabolo' (Teufelsstrauch)

Beschreibung: Physocarpus opulifolius 'Diabolo' ist ein Strauch mit einer Höhe von 1 bis 1,5 m, der buschig, aufrecht und überhängend wächst. Die eiförmigen, fünflappigen, dunkelroten bis dunkelrotbraunen Blätter sind 5 bis 10 cm lang. Die ca. 1 cm großen, weißen Blüten erscheinen im Juni. Sie stehen in ca. 5 cm großen Doldentrauben zusammen.

Standort: Der Teufelsstrauch wurzelt sowohl tief als auch flach. An den Boden stellt er keine besonderen Ansprüche; der pH-Wert des Bodens sollte zwischen schwach sauer bis alkalisch liegen.

Verwendung: Verwendung findet Physocarpus opulifolius 'Diabolo' in privaten Gärten und öffentlichen Anlagen zur Unterpflanzung, als Deckstrauch, als Windschutzhecke und freiwachsende Hecke.

Abteilung 1: Gehölze mit gelappten Blättern

Platanus x hispanica (Platane)

Beschreibung: Platanus x hispanica, die Platane, ist ein Groß-Baum. Ihre Krone ist hoch gewölbt und breit ausladend und erreicht eine Höhe von bis zu 30 m. Ihre Blätter sind glänzend dunkelgrün, groß (bis ca. 25 cm) und 3- bis 5-fach gelappt (meist 5-fach). Die Blüten sind unauffällig gelbgrün gefärbt und erscheinen im Mai.
Standort: Platanus x hispanica ist sowohl ein Tiefwurzler als auch ein Flachwurzler; sie braucht schwere bis mittelschwere Böden auf sonnigen Standorten. Die Platane ist schnellwüchsig, frosthart und verträgt starken Rückschnitt (Formschnitt).
Verwendung: Im Siedlungsbereich wird Platanus x hispanica als Straßen- und Alleebaum eingesetzt; in Form geschnitten dient sie auch zur Raumbildung auf Plätzen, in größeren Gärten und in Parks.

Quercus palustris (Sumpf-Eiche)

Beschreibung: Quercus palustris ist ein Baum, der eine Höhe von 15 bis 22 m erreicht. Die Krone wächst breit kegelförmig mit einem durchgehenden Stamm. Die Äste im unteren Teil der Krone wachsen fast waagerecht abstehend. Die bis 10 cm langen, gelappten Blätter sind 2- bis 4-lappig, tief fiederspaltig und frischgrün. Im Herbst färben sie sich rot bis braun. Die zahlreichen Eicheln sind halbkugelig und bis 12 mm lang.
Standort: Die Sumpf-Eiche wurzelt tief, kräftig und ausgebreitet. Sie benötigt tiefgründigen, feuchten bis trockenen Boden.
Verwendung: Verwendet wird Quercus palustris im Siedlungsbereich und in großen Parkanlagen als Solitär- und Gruppengehölz.

Abteilung 1: Gehölze mit gelappten Blättern

Quercus robur (Sommer-Eiche, Stiel-Eiche)

Beschreibung: Quercus robur ist ein Groß-Baum mit einer Höhe von 25 bis 40 m, der locker-unregelmäßig rundkronig und meist mit kurzem Stamm wächst. Die gelappten, länglich-eiförmigen Blätter sind oberseits tiefgrün und unterseits kahl graugrün gefärbt. Die Herbstfärbung ist z. T. leuchtend gelb und reicht über orange bis braun. Die Blüten sind eher unauffällig. Die Eicheln wachsen einzeln oder bis zu dritt an Stielen.

Standort: Die Sommer-Eiche ist ein Tief- bis Herzwurzler. Sie beansprucht tiefgründigen, nährstoffreichen, trockenen bis feuchten und schwach sauren bis alkalischen Boden. Dabei ist sie wärmeliebend und windfest, aber empfindlich gegen Grundwasserabsenkung.

Verwendung: Verwendung findet Quercus robur als Landschafts- und Forstgehölz. Im Siedlungsbereich wird sie vielseitig als Dorf-, Hof-, Allee- und Parkbaum sowie als Tier- und Vogelnährgehölz eingesetzt.

Abteilung 1: Gehölze mit gelappten Blättern

Quercus robur 'Fastigiata' (Säuleneiche, Pyramiden-Eiche)

Beschreibung: Quercus robur 'Fastigiata' ist ein 15 bis 20 m hoher Baum, der mäßig schnellwüchsig ist und oft krumm wächst. Die 10 bis 15 cm langen, dunkelgrünen Blätter sind verkehrt eiförmig, gelappt und stumpf; im Herbst bekommen sie eine hellbraune zierende Färbung. Die Blütenfarbe ist gelb bis grün. Die eiförmigen bis runden Früchte sind graubraun gefleckt.
Standort: Die Säuleneiche ist ein Pfahlwurzler. Sie benötigt schwach sauren bis alkalischen Boden.
Verwendung: Verwendung findet Quercus robur 'Fastigiata' vorwiegend als Landschaftsgehölz. In Parks und größeren Gärten wird die Säulen-Eiche als Solitärgehölz und in Gruppenpflanzungen eingesetzt.

Abteilung 1: Gehölze mit gelappten Blättern

Ribes sanguineum (Blut-Johannisbeere)

Beschreibung: Ribes sanguineum ist ein locker aufrecht und verzweigt wachsender Strauch, der eine Höhe von 1,5 bis 2 m erreicht. Die 3- bis 5-lappigen Blätter sind rundlich geformt, oberseits dunkelgrün und unterseits weißfilzig gefärbt. Im April entfalten sich am mehrjährigen Holz die dunkelroten Blüten. Sie wachsen in Trauben und sind bis zu 6 cm lang. Die unauffälligen Beeren sind schwarz gefärbt mit blauweißer Bereifung.

Standort: Die Blut-Johannisbeere ist ein Flachwurzler. Sie benötigt frischen, humosen Boden, reagiert aber empfindlich auf Trockenheit und ist ungeeignet für schwere, kalte Böden.

Verwendung: Verwendet wird Ribes sanguineum im Siedlungsbereich wie auch in öffentlichen Grünanlagen als Solitär- und Gruppengehölz. In privaten Gärten wird sie häufig als Blütenstrauch zur Einzelstellung oder in Gemeinschaft mit anderen Blütensträuchern als Zierstrauchhecke gepflanzt.

Spiraea x vanhouttei (Pracht-Spiere)

Beschreibung: Spiraea x vanhouttei ist ein vieltriebig, 2 bis 2,5 m hoch wachsender Strauch mit weitbogig überhängenden Trieben. Die 3- bis 5-lappigen, eiförmigen Blätter sind oberseits dunkelgrün und unterseits bläulichgrün gefärbt. Die weißen Blüten erscheinen sehr zahlreich im Mai bis Juni in Doldentrauben am vorjährigen Holz.
Standort: Die Pracht-Spiere ist ein Flachwurzler; an den Boden stellt sie keine besonderen Ansprüche, der Standort sollte sonnig bis halbschattig sein.
Verwendung: Im Siedlungsbereich wird Spiraea x vanhouttei vor allem als Deck- und Gruppengehölz sowie als Blütenhecke genutzt.

Abteilung 1: Gehölze mit gelappten Blättern

Stephanandra tanakae (Große Kranzspiere)

Beschreibung: Stephanandra tanakae ist ein 2 bis 3 m hoch wachsender Strauch mit breiter, dichter und leicht überhängender Krone. Die Blätter sind 3-lappig, die weißen Blüten stehen im Mai bis Juni in 6 bis 10 cm langen Rispen zusammen.
Standort: Die Große Kranzspiere ist ein Flachwurzler; an den Boden stellt sie keine besonderen Ansprüche. Der Standort sollte absonnig bis halbschattig sein.
Verwendung: Im Siedlungsbereich wird Stephanandra tanakae besonders an absonnigen Böschungen, als Straßenbegleitgrün und als Blütenhecke eingesetzt.

Viburnum opulus (Gewöhnlicher Schneeball)

Beschreibung: Viburnum opulus ist ein Groß-Strauch von 1 bis 5 m Höhe mit locker aufrechtem und breit ausladendem Wuchs. Die ahornähnlichen, frisch- bis dunkelgrünen, 3- bis 5-fach gelappten Blätter verfärben sich im Herbst orangerot. Die weißen Blüten stehen Anfang Mai bis Ende Juni in Trugdolden zusammen.
Standort: Der Gewöhnliche Schneeball ist ein Flachwurzler. Er braucht frische, humose und schwach saure Gartenerden; er ist empfindlich gegenüber Staunässe und Bodenverdichtung. Der Standort sollte halbschattig sein.
Verwendung: Im Siedlungsbereich verwendet man Viburnum opulus als Zierstrauch in Einzelstellung oder Gruppenpflanzung.

Abteilung 1: Gehölze mit gelappten Blättern

Viburnum opulus 'Compactum' (Schneeball 'Compactum')

Beschreibung: Viburnum opulus 'Compactum' ist ein 1 bis 1,5 m hoch wachsender Strauch mit breiter, dichter und unregelmäßig buschig ausladend wachsender Krone. Die hellgrünen, eiförmigen Blätter sind etwa 12 cm lang und 3-, 4- oder 5-fach gelappt. Die hellweißen Blüten erscheinen Anfang Mai bis Ende Juni in Form einer Trichterrispe.
Standort: Viburnum opulus 'Compactum' ist ein Flachwurzler; der pH-Wert des Bodens sollte zwischen schwach sauer bis alkalisch liegen. Darüber hinaus stellt er an den Boden keine besonderen Ansprüche. Der Standort sollte absonnig bis halbschattig sein.
Verwendung: Im Siedlungsbereich wird Viburnum opulus 'Compactum' als Solitärgehölz, in Gruppenpflanzungen, als Heckenpflanze sowie an Teichufern und an Bachrändern eingesetzt.

Viburnum opulus 'Roseum'
(Echter Schneeball, Gefüllter Schneeball)

Beschreibung: Viburnum opulus 'Roseum' ist ein Strauch bis Groß-Strauch von 1 bis 5 m Höhe mit locker aufrechtem und breit ausladendem Wuchs. Die ahornähnlichen, frisch- bis dunkelgrünen, 3- bis 5-fach gelappten Blätter verfärben sich im Herbst orangerot. Die weißen, gefüllten Blüten stehen Anfang Mai bis Ende Juni in Trugdolden zusammen.

Standort: Der Gefüllte Schneeball ist ein Flachwurzler. Er braucht frische, humose und schwach saure Gartenerden; er ist empfindlich gegenüber Staunässe und Bodenverdichtung. Der Standort sollte halbschattig sein.

Verwendung: Im Siedlungsbereich verwendet man Viburnum opulus 'Roseum' als Zierstrauch in Einzelstellung oder Gruppenpflanzung.

ABTEILUNG 2

Gehölze mit gefingerten Blättern

Aesculus x carnea
(Rotblühende Rosskastanie,
Rote Rosskastanie): S. 30

Aesculus hippocastanum
(Rosskastanie): S. 31

Aesculus x neglecta
(Carolina-Rosskastanie):
S. 32

Aesculus parviflora (Strauch-
Kastanie): S. 33

Akebia quinata (Akebie,
Klettergurke, Fingerblättrige
Akebie): S. 34

Parthenocissus quinquefolia
(Wilder Wein, Selbstkletternde
Jungfernrebe): S. 35

Potentilla fruticosa
'Goldteppich' (Potentille,
Fingerstrauch): S. 36

Potentilla fruticosa
'Snowflake' (Potentille,
Fingerstrauch): S. 37

Potentilla fruticosa
'Sommerflor' (Potentille,
Fingerstrauch): S. 38

Aesculus x carnea
(Rotblühende Rosskastanie, Rote Rosskastanie)

Beschreibung: Aesculus x carnea, die Rotblühende Rosskastanie, erreicht mit etwa 15 bis 20 m Wuchshöhe die Größe eines Baumes. Sie wächst langsam, die Krone ist breit bis rund. Die Blätter sind 5-teilig gefingert und 10 bis 25 cm lang; der Blattrand ist gezähnt. Auf der Oberseite sind die Blätter dunkelgrün, unterseits gelbgrün gefärbt. Die Blüten sind hellrot gefärbt und blühen aufrecht in ca. 10 bis 20 cm langen Rispen in einem Zeitraum von Anfang bis Ende Mai.

Standort: Aesculus x carnea ist ein Herzwurzler und gedeiht auf trockenen bis frischen Böden mit geringen bis hohen Humusgehalten, hohen Nährstoffgehalten und pH-Werten, die zwischen schwach sauer bis alkalisch liegen können. Die Lichtansprüche reichen von voll sonnig bis absonnig.

Verwendung: Genutzt wird die Rotblühende Rosskastanie im Siedlungsbereich vor allem als Solitär- und Gruppengehölz. In der Landschaft setzt man sie besonders als Lärmschutz-, Bienennähr- und Windschutzgehölz ein.

Abteilung 2: Gehölze mit gefingerten Blättern

Aesculus hippocastanum
(Rosskastanie)

Beschreibung: Aesculus hippocastanum, die Rosskastanie, gehört zur Gruppe der Groß-Bäume. Sie hat eine breite, dichte, hochgewölbte Krone und kann eine Höhe von max. 30 m erreichen. Die Blätter sind 5- bis 7-teilig, fingerförmig gefächert und 10 bis 20 cm lang. Die Blüten sind weiß mit gelben und roten Flecken und stehen aufrecht in 20 bis 30 cm langen Rispen. Die Blütezeit reicht von Ende April bis Ende Mai. Die glänzend braunen, kugelförmigen Samen stecken in stacheligen Fruchthüllen.

Standort: Aesculus hippocastanum hat eine flache Herzwurzel; sie bevorzugt tiefgründige Sand- oder Lehmböden, die schwach sauer bis alkalisch und durchlässig sind. Sie braucht Lichtverhältnisse von sonnig bis schattig. Die Rosskastanie reagiert empfindlich auf Oberflächenverdichtung.

Verwendung: Im Siedlungsbereich, Parks und anderen Freiflächen wird Aesculus hippocastanum als Solitärgehölz, an Straßen als Alleebaum verwendet.

Aesculus x neglecta (Carolina-Rosskastanie)

Beschreibung: Aesculus x neglecta, die Carolina-Rosskastanie, ist ein Baum mit einer Wuchshöhe von 15 bis 20 m. Sie wächst langsam und mit runder bis breiter Krone. Die Blätter sind 5-zählig gefingert und 10 bis 15 cm lang. Die Blattoberflächen sind dunkelgrün, die Blattunterseiten gelb bis gelbgrün gefärbt; die Herbstfärbung ist gelb. Die Blüten zeigen sich mit hellgelber Färbung, auf der zur Basis hin rote Streifen zu sehen sind. Sie blühen aufrecht in Rispen von Anfang Mai bis Ende Juni.
Standort: Aesculus x neglecta ist ein Flach- bis Herzwurzler und gedeiht auf frischen bis feuchten Böden mit geringen bis hohen Humusgehalten; der pH-Wert sollte zwischen mäßig bis leicht sauer rangieren. Die Lichtansprüche reichen von sonnig bis absonnig.
Verwendung: Genutzt wird die Carolina-Rosskastanie im Siedlungsbereich und in Parkanlagen als Solitär- und Gruppengehölz. Zu beachten ist, dass alle Pflanzenteile sehr giftig sind.

Abteilung 2: Gehölze mit gefingerten Blättern

Aesculus parviflora (Strauch-Kastanie)

Beschreibung: Aesculus parviflora, die Strauch-Kastanie, erreicht mit etwa 5 m Wuchshöhe die Größe eines Groß-Strauches bis Klein-Baumes. Sie wächst mehrtriebig, strauchartig und wird meistens breiter als hoch. Die Blätter sind 5- bis 7-teilig gefingert und 8 bis 20 cm lang. Im Herbst sind die Blätter goldgelb gefärbt. Die Blüten sind weiß und blühen aufrecht in ca. 30 cm langen Rispen im Juli und August.
Standort: Aesculus parviflora ist ein Flachwurzler und gedeiht auf normalen Böden. Die Lichtansprüche reichen von leicht schattig bis voll schattig.
Verwendung: Genutzt wird die Strauch-Kastanie im Siedlungsbereich als Solitär- und Gruppengehölz. Für die Gartengestaltung ist die späte Blüte interessant.

Abteilung 2: Gehölze mit gefingerten Blättern

Akebia quinata
(Akebie, Klettergurke, Fingerblättrige Akebie)

Beschreibung: Akebia quinata ist eine linkswindende Schlingpflanze. Sie erreicht eine Höhe von 5 bis 8 m. Die Blätter sind fingerteilig; die fünf einzelnen eiförmigen Blätter sind oberseits dunkelgrün und unterseits bläulichgrün gefärbt. Die einhäusigen Blüten hängen in Trauben zusammen. Die weiblichen Blüten sind violettbraun gefärbt und ca. 3 cm groß; die männlichen Blüten sind rosa gefärbt und ca. 1 cm groß. Die Früchte reifen nur in heißen Sommern heran. Sie haben eine nierenförmige Gestalt und sind von hellvioletter Farbe.
Standort: Die Klettergurke ist ein Flachwurzler mit fleischigen Wurzeln. Sie braucht normale, durchlässige Böden auf sonnigen Standorten.
Verwendung: Im Siedlungsbereich verwendet man die Akebie, um Pergolen, Lauben, Spaliere und Mauern zu begrünen.

Abteilung 2: Gehölze mit gefingerten Blättern

Parthenocissus quinquefolia
(Wilder Wein, Selbstkletternde Jungfernrebe)

Beschreibung: Parthenocissus quinquefolia ist ein wüchsiger Haftscheibenkletterer, der eine Höhe von 10 bis 20 m erreicht. Die sommergrünen, fünfteilig fingerförmigen Blätter sind leuchtend grün gefärbt (im Herbst auffallend scharlachrot). Die einzelnen Blättchen haben eine ovale Form, sind scharf gesägt und bis zu 15 cm lang. Die weißen Blüten sind einzeln unscheinbar; sie stehen in Rispen zusammen und blühen von Juli bis August. Ab Oktober reifen kleine, blauschwarze Beeren; sie sind nicht genießbar.
Standort: Der Wilde Wein braucht sandig-lehmige, frische, mäßig nährstoffreiche Böden auf sonnigen bis schattigen Standorten.
Verwendung: Im Siedlungsbereich verwendet man den Selbstklimmer zur Begrünung von Mauern, Wänden, Pergolen, Lauben, Säulen und Zäunen. Hinweis: Parthenocissus quinquefolia stellt keine besonderen Ansprüche an den Standort, ist gut frosthart und jederzeit schnittverträglich.

Abteilung 2: Gehölze mit gefingerten Blättern

Potentilla fruticosa 'Goldteppich' (Potentille, Fingerstrauch)

Beschreibung: Potentilla fruticosa 'Goldteppich' ist ein Klein-Strauch, der dicht verzweigt und breitbuschig wächst; er wird 0,5 bis 0,7 m hoch. Die 1 bis 3 cm langen, grünen bis bläulichgrünen Blätter sind 3- bis 7-zählig gefingert. Im Mai entfalten sich am einjährigen Holz leuchtend gelbe Blüten; sie sind 2 bis 3 cm breit und blühen einzeln oder zu mehreren.
Standort: Der Fingerstrauch wurzelt flach. Er braucht kultivierte Böden, die schwach alkalisch bis sauer sind.
Verwendung: Verwendet wird Potentilla fruticosa 'Goldteppich' im Siedlungsbereich zur Flächenbegrünung, zur Bepflanzung von Böschungen, zur Unterpflanzung von Gehölzen im lichten Schatten und im Hausgarten als Zierstrauch, einzeln oder in Gruppen.

Abteilung 2: Gehölze mit gefingerten Blättern

Potentilla fruticosa 'Snowflake' (Potentille, Fingerstrauch)

Beschreibung: Potentilla fruticosa 'Snowflake' ist ein Klein-Strauch, der dicht verzweigt und breitbuschig wächst; er wird 0,5 bis 0,7 m hoch. Die 1 bis 3 cm langen, grünen bis bläulichgrünen Blätter sind 3- bis 7-zählig gefingert. Im Mai blühen am einjährigen Holz leuchtend weiße Blüten; sie sind 2 bis 3 cm breit und blühen einzeln oder zu mehreren.

Standort: Der Fingerstrauch wurzelt flach. Er braucht kultivierte Böden, die schwach alkalisch bis sauer sind.

Verwendung: Verwendung findet Potentilla fruticosa 'Snowflake' im Siedlungsbereich zur Flächenbegrünung, zur Bepflanzung von Böschungen, zur Unterpflanzung von Gehölzen im lichten Schatten und im Hausgarten als Zierstrauch, einzeln oder auch in Gruppen gepflanzt.

Abteilung 2: Gehölze mit gefingerten Blättern

Potentilla fruticosa 'Sommerflor' (Potentille, Fingerstrauch)

Beschreibung: Potentilla fruticosa 'Sommerflor' ist ein Klein-Strauch mit einer Höhe von 0,6 bis 0,8 m. Er wächst dicht verzweigt und breitbuschig. Die dunkelgrünen Blätter sind elliptisch geformt und 3- bis 7-fach gelappt. Die im Juli erscheinenden leuchtend gelben Blüten haben einen Durchmesser von 2 bis 3 cm.
Standort: Der Fingerstrauch wurzelt flach. Er braucht kultivierte Böden, die schwach alkalisch bis sauer sind.
Verwendung: Verwendet wird Potentilla fruticosa 'Sommerflor' im Siedlungsbereich für die Flächenbegrünung, für die Bepflanzung von Böschungen, für die Unterpflanzung von Gehölzen im lichten Schatten und im Hausgarten als Zierstrauch, einzeln oder auch in Gruppen gepflanzt.

ABTEILUNG 3

Gehölze mit gefiederten Blättern

Acer negundo (Eschen-Ahorn): S. 43

Ailanthus altissima (Götterbaum, Drüsiger Götterbaum): S. 44

Clematis alpina (Alpen-Waldrebe): S. 45

Clematis macropetala 'Blue Bird' (Großblütige Waldrebe 'Blue Bird'): S. 46

Clematis macropetala 'Rosy O'Grady' (Großblütige Waldrebe 'Rosy O'Grady'): S. 47

Abteilung 3: Gehölze mit gefiederten Blättern

Clematis montana (Berg-Waldrebe): S. 48

Clematis montana 'Marjorie' (Berg-Waldrebe 'Marjorie'): S. 49

Clematis montana 'Rubens' (Berg-Waldrebe 'Rubens'): S. 50

Clematis montana 'Tetrarose' (Berg-Waldrebe 'Tetrarose'): S. 51

Clematis-Hybride 'Nelly Moser' (Großblumige Clematis 'Nelly Moser'): S. 52

Clematis vitalba (Gewöhnliche Waldrebe, Gemeine Waldrebe): S. 53

Abteilung 3: Gehölze mit gefiederten Blättern

Cytisus purpureus (Purpurginster, Roseginster): S. 54

Cytisus scoparius (Besenginster, Besenpfriem, Bram, Besen-Ginster): S. 55

Fraxinus excelsior (Gemeine Esche, Gewöhnliche Esche, Esche): S. 56

Fraxinus ornus (Blumen-Esche, Manna-Esche): S. 57

Jasminum nudiflorum (Winter-Jasmin, Gelber Winter-Jasmin, Winterjasmin): S. 58

Juglans regia (Walnuss, Welschnuss, Nussbaum): S. 59

Laburnum anagyroides (Gewöhnlicher Goldregen, Gemeiner Goldregen, Goldregen): 60

Laburnum x watereri 'Vossii' (Edel-Goldregen, Goldregen 'Vossii'): S. 61

Mahonia aquifolium (Mahonie, Gewöhnliche Mahonie): S. 62

Mahonia bealei (Schmuck-Mahonie): S. 63

Robinia pseudoacacia (Robinie, Schein-Akazie): S. 64

Robinia pseudoacacia 'Umbraculifera' (Kugel-Robinie): S. 65

41

Abteilung 3: Gehölze mit gefiederten Blättern

Rosa canina (Hunds-Rose): S. 66

Rosa 'Leonardo Da Vinci' (Polyantha-Rose 'Leonardo Da Vinci'): S. 67

Rosa rugosa (Kartoffel-Rose): S. 68

Rosa rugosa 'White Hedge' (Apfel-Rose): S. 69

Rosa 'Schöne Dortmunderin' (Beetrose 'Schöne Dortmunderin'): S. 70

Sambucus nigra (Schwarzer Holunder, Fliederbeere): S. 71

Sorbus aucuparia (Eberesche, Vogelbeerbaum): S. 72

Staphylea pinnata (Gemeine Pimpernuss) S. 73

Wisteria sinensis (Chinesischer Blauregen, Glycine, China-Wisterie): S. 74

Wisteria sinensis 'Alba' (Chinesischer Blauregen, Glycine, China-Wisterie): S. 75

Abteilung 3: Gehölze mit gefiederten Blättern

Acer negundo (Eschen-Ahorn)

Beschreibung: Acer negundo ist ein oft mehrstämmig wachsender Baum mit breiter und dichter Krone. Er erreicht eine Höhe von bis zu 20 m. Seine gelblichweißen Blüten, die in langen Trauben herunterhängen, erscheinen im April bis Mai.

Standort: Er braucht schwach saure, frisch-humose Böden und sonnige bis halbschattige, windgeschützte Standorte.

Verwendung: Der Eschen-Ahorn wird eingesetzt als Park- und Alleebaum in Siedlungsgebieten und als Pioniergehölz sowie an Gewässern in der Landschaft.

Abteilung 3: Gehölze mit gefiederten Blättern

Ailanthus altissima (Götterbaum, Drüsiger Götterbaum)

Beschreibung: Ailanthus altissima, der Götterbaum, ist ein Groß-Baum mit einer Wuchshöhe von 18 bis 25 m. Er wächst breitkronig, manchmal mit mehreren Stämmen. Die gefiederten Blätter erreichen eine Länge von 40 bis 60 cm und sind mattgrün gefärbt. Die unscheinbaren, grünlich gefärbten, zweihäusigen Blüten stehen in Rispen zusammen; sie blühen von Juni bis Juli. Die geflügelten, rötlich bis orange gefärbten Früchte reifen ab August und haften sehr lange.
Standort: Der Götterbaum ist ein Flachwurzler und bildet Ausläufer. Er bevorzugt leichte Sandböden auf sonnigen Standorten. Die Böden können trocken bis frisch sein mit sauren bis schwach alkalischen pH-Werten. Er verträgt vollkommen nährstoffarme Böden, wächst aber ebenso gut auf nährstoffreichen Böden.
Verwendung: Verwendet wird Ailanthus altissima in der Landschaft vor allem als Pioniergehölz, zur Haldenbegrünung und als Bienennährgehölz. Im Siedlungsbereich setzt man ihn als Solitär- und Gruppengehölz ein sowie zur Bepflanzung von Parkplätzen, Fußgängerzonen und Straßenrändern. In Asien hat er eine gewisse Bedeutung als Arzneipflanze.

Abteilung 3: Gehölze mit gefiederten Blättern

Clematis alpina (Alpen-Waldrebe)

Beschreibung: Clematis alpina ist ein Rankenkletterer. Sie erreicht eine Höhe von 1,5 bis 2 m. Die sommergrünen Blätter sind mit drei eiförmigen bis lanzettlichen Blättchen gefiedert. Sie sind stumpfgrün und beidseitig behaart. Die blauen bis violetten Blüten sind 3 bis 4 cm groß. Sie blühen von Anfang Mai bis Ende Juni. Die Früchte haben keine Bedeutung.

Standort: Die Alpen-Waldrebe ist ein Flachwurzler. Sie braucht trockene bis frische Böden und einen absonnigen bis halbschattigen Standort; weitere besondere Ansprüche hat sie nicht.

Verwendung: Im Siedlungsbereich verwendet man Clematis alpina, um Pergolen, Lauben und Spaliere zu begrünen; auch als Bodendecker und für die Bepflanzung von Grabstätten findet sie Verwendung.

Clematis macropetala 'Blue Bird'
(Großblütige Waldrebe 'Blue Bird')

Beschreibung: Clematis macropetala 'Blue Bird' ist ein langsamwüchsiger Rankenkletterer mit einer Wuchshöhe von 1 bis 2 m. Die sommergrünen Blätter sind doppelt unpaarig gefiedert und 8 bis 15 cm lang. Die einzelnen Blättchen haben eine eiförmige bis elliptische Form und einen gesägten, doppelt gesägten oder schrotsägeförmigen Rand. Die Blüten werden von 4 Kelchblättern gebildet. Sie sind blauviolett gefärbt und 5 bis 10 cm groß; die Blütezeit reicht von Anfang Mai bis Ende Juni.

Standort: Die Großblütige Waldrebe 'Blue Bird' braucht einen frischen Boden mit einem mittleren bis hohen Humusgehalt und pH-Werten zwischen schwach sauer und mäßig alkalisch. Der Standort kann sonnig bis absonnig sein.

Verwendung: Im Siedlungsbereich verwendet man Clematis macropetala 'Blue Bird', um Pergolen, Lauben und Spaliere zu begrünen.

Abteilung 3: Gehölze mit gefiederten Blättern

Clematis macropetala 'Rosy O'Grady'
(Großblütige Waldrebe 'Rosy O'Grady')

Beschreibung: Clematis macropetala 'Rosy O'Grady' ist ein langsamwüchsiger Rankenkletterer mit einer Wuchshöhe von 1 bis 2 m. Die sommergrünen Blätter sind doppelt unpaarig gefiedert und 8 bis 15 cm lang. Die einzelnen Blättchen haben eine eiförmige bis elliptische Form und einen gesägten, doppelt gesägten oder schrotsägeförmigen Rand. Die Blüten werden von 4 Kelchblättern gebildet. Sie sind hellrosaviolett gefärbt und 5 bis 10 cm groß. Die Blütezeit reicht von Anfang Mai bis Ende Juni.
Standort: Die Großblütige Waldrebe 'Rosy O'Grady' braucht einen frischen Boden mit einem mittleren bis hohen Humusgehalt und pH-Werten zwischen schwach sauer und mäßig alkalisch. Der Standort kann sonnig bis absonnig sein.
Verwendung: Im Siedlungsbereich verwendet man Clematis macropetala 'Rosy O'Grady', um Pergolen, Lauben und Spaliere zu begrünen.

Clematis montana (Berg-Waldrebe)

Beschreibung: Clematis montana ist ein schnellwüchsiger Rankenkletterer. Sie erreicht eine Höhe von 3 bis 8 m. Die sommergrünen Blätter sind 3-zählig gefiedert mit eiförmigen, gezähnten Blättchen. Sie werden ca. 8 bis 10 cm lang und sind oberseits grün, unterseits hellgrün gefärbt. Die Blüten werden von vier weißen bis hellrosa gefärbten, regelmäßig kreuzförmig angeordneten Petalen gebildet. Sie sind etwa 5 bis 6 cm groß und blühen von Anfang bis Ende Mai.
Standort: Die Berg-Waldrebe braucht durchlässige, frische bis feuchte Böden auf sonnigen bis halbschattigen Standorten; sie sollten warm und geschützt sein.
Verwendung: Im Siedlungsbereich verwendet man die Clematis montana als raschwüchsigen Blütenstrauch, um Pergolen, Lauben und Spaliere und vieles mehr zu begrünen.
Hinweis: Der Rückschnitt von Frostschäden kann im Februar bis März durchgeführt werden. Frostschutz im Winter ist empfehlenswert; der Fuß sollte beschattet werden.

Abteilung 3: Gehölze mit gefiederten Blättern

Clematis montana 'Marjorie' (Berg-Waldrebe 'Marjorie')

Beschreibung: Clematis montana 'Marjorie' ist ein schnellwüchsiger Rankenkletterer. Sie erreicht eine Höhe von 3 bis 8 m. Die sommergrünen Blätter sind 3-zählig gefiedert mit eiförmigen, gezähnten bzw. gesägten Blättchen. Sie werden bis 10 cm lang und sind grün gefärbt. Die Blüten sind halb gefüllt und basieren auf vier dunkelrosa Kelchblättern. Sie sind etwa 5 bis 6 cm groß. Die Blütezeit beginnt Anfang Mai und endet Ende Mai.

Standort: Die Berg-Waldrebe 'Marjorie' braucht frische Böden auf sonnigen bis absonnigen Standorten; der pH-Wert sollte zwischen schwach sauer bis mäßig alkalisch liegen.

Verwendung: Im Siedlungsbereich verwendet man Clematis montana 'Marjorie' als raschwüchsigen Blütenstrauch, um Pergolen, Lauben und Spaliere und vieles mehr zu begrünen.

Abteilung 3: Gehölze mit gefiederten Blättern

Clematis montana 'Rubens' (Berg-Waldrebe 'Rubens')

Beschreibung: Clematis montana 'Rubens' ist ein schnellwüchsiger Rankenkletterer. Sie erreicht eine Höhe von 5 bis 8 m. Die sommergrünen Blätter sind 3-zählig gefiedert mit eiförmigen, wenig gezähnten bzw. gesägten Blättchen. Sie werden bis 10 cm lang und sind oberseits dunkelgrün bis broncegrün, unterseits grün gefärbt. Die Blüten werden von vier hellroten bis hellrosa Kelchblättern gebildet. Sie sind etwa 5 bis 6 cm groß. Die Blütezeit beginnt Anfang Mai und endet Ende Mai.
Standort: Berg-Waldrebe 'Rubens' braucht frische, schwach saure bis mäßig alkalische Böden auf sonnigen bis absonnigen Standorten.
Verwendung: Im Siedlungsbereich verwendet man Clematis montana 'Rubens' als raschwüchsigen Blütenstrauch, um Pergolen, Lauben und Spaliere und vieles mehr zu begrünen.

Abteilung 3: Gehölze mit gefiederten Blättern

Clematis montana 'Tetrarose' (Berg-Waldrebe 'Tetrarose')

Beschreibung: Clematis montana 'Tetrarose' ist ein schnellwüchsiger Rankenkletterer. Sie erreicht eine Höhe von 3 bis 8 m. Die sommergrünen Blätter sind 3- bis 7-fach gefiedert mit eiförmigen, großen gezähnten bzw. gesägten Blättchen. Sie werden 8 bis 10 cm lang und sind grün gefärbt. Die Blüten werden von vier weißen bis rosafarbenen, regelmäßig kreuzförmig angeordneten Petalen gebildet. Sie sind etwa 6 bis 8 cm groß; die Staubgefäße sind hellgelb gefärbt. Die Blütezeit reicht von Anfang bis Ende Mai.
Standort: Die Berg-Waldrebe 'Tetrarose' braucht frische, schwach saure bis mäßig alkalische Böden auf sonnigen bis absonnigen Standorten.
Verwendung: Im Siedlungsbereich verwendet man die Clematis montana als raschwüchsigen Blütenstrauch, um Pergolen, Lauben und Spaliere und vieles mehr zu begrünen.

Clematis-Hybride 'Nelly Moser'
(Großblumige Clematis 'Nelly Moser')

Beschreibung: Clematis-Hybride 'Nelly Moser' ist ein Rankenkletterer. Sie erreicht eine Höhe von 2 bis 3 m. Die sommergrünen Blätter sind mit drei eiförmigen bis lanzettlichen Blättchen gefiedert. Sie sind bis zu 10 cm lang und von grüner bis dunkelgrüner Farbe. Die Blüten sind nicht gefüllt, aber 12 bis 16 cm groß. Sie blühen zweimal, und zwar von Mai bis Juni und von August bis September. Die Blütenfarbe ist Lilarosa mit roten Streifen. Die Früchte haben keine Bedeutung.
Standort: Die Großblumige Clematis 'Nelly Moser' ist empfindlich gegenüber Staunässe. Sie braucht frische bis feuchte, nährstoffreiche, durchlässige und kultivierte Gartenböden auf sonnigen Standorten; der Pflanzenfuß sollte beschattet werden.
Verwendung: Im Siedlungsbereich verwendet man die Clematis-Hybride 'Nelly Moser', um Pergolen, Lauben und Spaliere zu begrünen.
Hinweis: Hybriden, die zweimal blühen, sollen nur leicht zurückgeschnitten werden; dabei entfernt man auch alle trockenen Triebe. Einmal blühende Hybriden schneidet man im November bis Dezember auf 20 bis 50 cm zurück.

Clematis vitalba
(Gewöhnliche Waldrebe, Gemeine Waldrebe)

Beschreibung: Clematis vitalba ist ein Rankenkletterer. Sie erreicht eine Höhe von 10 bis 12 m (in Bäumen bis 30 m). Die sommergrünen, gegenständigen Blätter sind unpaarig gefiedert. Die einzelnen Blättchen sind 4 bis 8 cm lang, eiförmig, tiefgrün, glänzend und gezähnt. Die Blüten stehen in Trugdolden zusammen und werden in Massen gebildet. Sie sind rahmweiß und etwa 2 cm breit. Die Blütezeit liegt zwischen Juli und Oktober. Die Früchte bestehen aus nussartigen Einzelfrüchten mit abstehend behaarten, auffallenden Haarschweifen.

Standort: Die Gewöhnliche Waldrebe braucht lehmige bis tonige, mäßig trockene bis frische, neutrale bis alkalische, nährstoffreiche Böden auf sonnigen bis halbschattigen Standorten.

Verwendung: Im Siedlungsbereich verwendet man die Clematis vitalba zur Fassadenbegrünung; in Parkanlagen zur Böschungsbegrünung und auch als Bodendecker.

Hinweis: Es handelt sich bei der Gewöhnlichen Waldrebe um eine heimische, linkswindende Liane. Sie ist frosthart und kann schwach wachsende Gehölze vollkommen überwuchern. Ein Verjüngungsschnitt kann zwischen November und März durchgeführt werden.

Cytisus purpureus
(Purpurginster, Roseninster)

Beschreibung: Cytisus purpureus ist ein locker aufrecht wachsender Klein-Strauch. Er erreicht eine Höhe von 0,4 bis 0,6 m und wird in etwa auch so breit. Die 2 bis 5 cm langen, eiförmigen Blätter sind dreizählig gefiedert und tiefgrün gefärbt. Die purpurn gefärbten Schmetterlingsblüten erscheinen von Mai bis Juni entlang der Zweige am mehrjährigen Holz.
Standort: Der Purpurginster ist ein Tiefwurzler. Er hat fleischige Wurzeln, treibt Wurzelausläufer und sammelt Stickstoff mithilfe von Knöllchenbakterien. Er braucht leicht durchlässige und mäßig trockene Böden; der Standort sollte vollsonnig sein.
Verwendung: Cytisus purpureus wird in privaten Gärten als Zierstrauch eingesetzt. Man setzt ihn einzeln oder in Gruppen, benutzt ihn für die Bepflanzung von Steingärten, Heidegärten, Kübeln und Trögen.

Abteilung 3: Gehölze mit gefiederten Blättern

Cytisus scoparius
(Besenginster, Besenpfriem, Bram, Besen-Ginster)

Beschreibung: Cytisus scoparius ist ein besenartig, aufrecht und vieltriebig wachsender Strauch mit einer Höhe von 1 bis 2 m. Die Blätter sind dreizählig gefiedert; die einzelnen Fiederblättchen sind lanzettlich geformt, 0,6 bis 0,7 cm lang und behaart. Von Mai bis Juni blühen achselständig am mehrjährigen Holz große, goldgelbe Schmetterlingsblüten.

Standort: Der Besenginster ist ein Tiefwurzler. Er hat fleischige Wurzeln und sammelt Stickstoff (Knöllchenbakterien). Er braucht leicht durchlässige, mäßig trockene Böden und einen vollsonnigen Standort.

Verwendung: Cytisus scoparius wird in der Landschaft als Pioniergehölz bei Rekultivierungen zur Bodenbefestigung und zur Anreicherung mit Stickstoff benutzt. In privaten Gärten, Parks und öffentlichen Einrichtungen wird der Besenginster als Zierstrauch in Vor-, Heide- und Steingärten eingesetzt.

Fraxinus excelsior
(Gemeine Esche, Gewöhnliche Esche, Esche)

Beschreibung: Fraxinus excelsior, die Gemeine Esche, ist mit einer Wuchshöhe von bis zu 35 m ein Groß-Baum. Sie hat eine runde Krone und meist nur einen kurzen Stamm. Die bis zu 12 cm langen Blätter sind unpaarig gefiedert und bestehen aus 9 bis 15 Fiederblättchen. Die Blüten sind unbedeutend. Die geflügelten Nüsschen hängen bis in den Winter hinein meist büschelig an den Ästen.
Standort: Die Esche ist ein Tiefwurzler mit flach- und weit streichenden Seitenwurzeln. Sie steht gerne auf ausreichend feuchten, tiefgründigen und nährstoffreichen Böden und braucht einen sonnigen bis halbschattigen Standort. Die Esche ist wärmeliebend, spätfrostgefährdet und reagiert ganz besonders empfindlich auf Grundwasserabsenkung.
Verwendung: Fraxinus excelsior wird als heimisches Landschaftsgehölz im Siedlungsbereich in Parks, an Straßen und auf Plätzen gerne gepflanzt.

Abteilung 3: Gehölze mit gefiederten Blättern

Fraxinus ornus
(Blumen-Esche, Manna-Esche)

Beschreibung: Fraxinus ornus ist mit 8 bis 10 m Wuchshöhe ein Groß-Strauch bis Klein-Baum. Die Blumen-Esche hat eine runde Krone und häufig mehrere Stämme. Die dunkelgrünen, unpaarig gefiederten Blätter sind 15 bis 20 cm lang und bestehen meist aus 7 Fiederblättchen. Im Mai erscheinen cremeweiße, angenehm duftende Blütenrispen, die bis zu 15 cm lang werden können.

Standort: Die Blumen-Esche ist ein Herzwurzler mit flach und weit streichenden Seitenwurzeln. Sie ist kalkliebend, toleriert aber alle Böden.

Verwendung: Fraxinus ornus wird im Siedlungsbereich im Einzelstand oder auch als Gruppengehölz eingesetzt; darüber hinaus auch als Straßen- und Hausbaum.

Jasminum nudiflorum
(Winter-Jasmin, Gelber Winter-Jasmin, Winterjasmin)

Beschreibung: Jasminum nudiflorum ist ein Spreitzklimmer bzw. ein locker breitwachsender Strauch mit stark überhängenden Zweigen, der eine Höhe von ca. 3 m erreicht. Die sommergrünen Blätter haben eine lanzettliche bis ovale Form; sie sind dreiteilig gefiedert und 1 bis 3 cm lang. Sie stehen gegenständig am Ast und sind tiefgrün gefärbt. Die gelben, trompetenförmigen Blüten erreichen einen Durchmesser von 1 bis 2 cm. Sie entwickeln sich achselständig am vorjährigen Holz. Die Blütezeit reicht von Januar bis März; die Früchte sind unscheinbar und unbedeutend.
Standort: Der Gelbe Winter-Jasmin braucht durchlässige, feuchte, schwach saure bis stark alkalische, kalkhaltige und nährstoffreiche Böden; der Standort kann sonnig bis halbschattig sein.
Verwendung: Im Siedlungsbereich verwendet man den Gelben Winter-Jasmin zur Begrünung von Mauern und Böschungen mithilfe von Kletterhilfen.
Hinweis: Jasminum nudiflorum ist stadtklimafest, rauchhart, hitze- und windverträglich, frosthart und wärmeliebend. Der Schnitt sollte bei Bedarf nach der Blüte bis zum Oktober erfolgen. Ohne Spalier kann man ihn auch als bodendeckenden Strauch einsetzen.

Abteilung 3: Gehölze mit gefiederten Blättern

Juglans regia
(Walnuss, Welschnuss, Nussbaum)

Beschreibung: Juglans regia, die Walnuss, gehört zur Gruppe der Groß-Bäume. Sie hat eine runde Krone mit lockerem Aufbau und kann eine Höhe von max. 30 m erreichen. Die Blätter sind 5- bis 7-teilig gefiedert (meist 7-teilig), von dunkelgrüner Farbe und 30 bis 40 cm lang; die einzelnen Fiederblättchen haben eine eiförmige bis lanzettliche Form und werden 6 bis 12 cm lang. Die grünen, einhäusigen Kätzchen blühen zwischen Anfang April und Ende Mai. Die länglich eiförmigen bis runden Früchte (Nuss) sind olivfarben und werden 4 bis 5 cm groß.

Standort: Juglans regia ist ein Tiefwurzler und bevorzugt frische bis feuchte, tiefgründige bis sehr tiefgründige Böden, die schwach sauer bis alkalisch und nährstoffreich sind. Sie braucht Lichtverhältnisse von sonnig bis halbschattig.

Verwendung: In der Landschaft wird die Walnuss besonders als Windschutz- und Bienennährgehölz eingesetzt. Im Siedlungsbereich pflanzt man sie hauptsächlich als Straßen- und Hofbaum sowie als Obstgehölz.

Laburnum anagyroides
(Gewöhnlicher Goldregen, Gemeiner Goldregen, Goldregen)

Beschreibung: Laburnum anagyroides ist ein trichterförmig aufrecht wachsender Groß-Strauch oder Klein-Baum, der eine Höhe von 5 bis 7 m erreicht. Im Alter wachsen die äußeren Äste leicht übergeneigt. Die 3 bis 6 cm langen, 3-zählig gefiederten Blätter sind elliptisch geformt, sitzen wechselständig an den Zweigen und sind frischgrün gefärbt. Die in Trauben hängenden Blüten erscheinen im Mai und Juni am mehrjährigen Holz. Sie sind bis zu 30 cm lang und gelb gefärbt. Im September reifen die flachen, grünen Fruchtkapseln. Sie sind sehr giftig.
Standort: Der Goldregen beansprucht normale Gartenböden und ist kalkliebend.
Verwendung: Verwendet wird Laburnum anagyroides als Solitärgehölz im Siedlungsbereich und in Gruppen in Parks und anderen Grünanlagen. Wegen seiner Giftigkeit darf er nicht an Schulen, Kindergärten und Kinderspielplätzen gepflanzt werden!!!

Abteilung 3: Gehölze mit gefiederten Blättern

Laburnum x watereri 'Vossii'
(Edel-Goldregen, Goldregen 'Vossii')

Beschreibung: Laburnum x watereri 'Vossii' ist ein straff aufrecht wachsender Groß-Strauch oder Klein-Baum, der eine Höhe von 5 bis 6 m erreicht. Im Alter wächst er leicht übergeneigt. Die bis zu 10 cm langen, gefiederten Blätter sind elliptisch geformt, sitzen wechselständig an den Zweigen und sind glänzend grün gefärbt. Die in Trauben hängenden Blüten erscheinen im Mai und Juni am mehrjährigen Holz. Sie sind 40 bis 50 cm lang, leuchtend gelb gefärbt, duftend und auffallend. Im September reifen die flachen, grünen Fruchtkapseln. Sie sind sehr giftig.
Standort: Der Edel-Goldregen beansprucht normale Gartenböden und ist kalkliebend.
Verwendung: Verwendet wird Laburnum x watereri 'Vossii' meistens einzeln im Siedlungsbereich und einzeln und in Gruppen in Parks und anderen Grünanlagen. Wegen seiner Giftigkeit darf er nicht an Schulen, Kindergärten und Kinderspielplätzen gepflanzt werden!!!

Mahonia aquifolium (Mahonie, Gewöhnliche Mahonie)

Beschreibung: Mahonia aquifolium ist ein aufrecht und buschig wachsender Klein-Strauch mit einer Wuchshöhe von etwas mehr als einem Meter. Die Mahonie hat immergrüne, bis 25 cm lange, gefiederte Blätter, die oberseits glänzend dunkelgrün und dornig gezähnt sind. Die goldgelben, duftenden Blüten erscheinen zwischen April und Mai in 5 bis 8 cm langen, aufrecht stehenden Trauben. Im Herbst reifen schwarzpurpurfarbene Beeren, die durch eine blaue Bereifung noch zusätzlich an Attraktivität gewinnen.
Standort: Die Mahonie ist ein Tiefwurzler mit flach und filzig streichenden Seitenwurzeln. Sie bevorzugt sandig-kiesige, humose Böden in sonnigen bis schattigen Lagen.
Verwendung: Im Siedlungsbereich wird Mahonia aquifolium zur Unterpflanzung schattiger Bereiche, als Straßenbegleitgrün, in Friedhofsanlagen und in Pflanzgefäßen sowie als niedrige Hecke eingesetzt.

Abteilung 3: Gehölze mit gefiederten Blättern

Mahonia bealei (Schmuck-Mahonie)

Beschreibung: Mahonia bealei ist ein 1,5 bis 2,5 m hoch wachsender Strauch mit steif aufrecht wachsenden Grundtrieben, die sich kaum verzweigen. Die Schmuck-Mahonie hat immergrüne, 30 bis 40 cm lange, gefiederte Blätter, die oberseits ledrig dunkelgrün und unterseits hellgrün sind. Die einzelnen Blättchen sind von länglicher Form und dornig gezähnt. Die gelben, duftenden Blüten erscheinen zwischen Februar und April in 8 bis 20 cm langen Trauben.
Standort: Die Schmuck-Mahonie ist ein Tiefwurzler mit fleischigem Wurzelsystem. Sie bevorzugt neutrale, humose Böden in geschützten Lagen (bedingt frosthart, Winterschutz nötig). Die Standorte sollten sonnig bis halbschattig sein.
Verwendung: Im Siedlungsbereich wird Mahonia bealei wegen der auffälligen Blätter, Blüten und Früchte hauptsächlich zur Einzelstellung eingesetzt.

Robinia pseudoacacia (Robinie, Schein-Akazie)

Beschreibung: Robinia pseudoacacia ist ein 15 bis 25 m hoch wachsender Baum bis Groß-Baum, der mit einer locker rundlichen Krone wächst; im Alter wird die Krone häufig schirmförmig. Die Schein-Akazie wächst oft mehrstämmig mit leicht gedrehten Stämmen. Die 20 bis 30 cm langen, gefiederten Blätter sind elliptisch geformt, oberseits sattgrün und unterseits graugrün gefärbt. Sie können aus 9 bis 19 einzelnen Blättchen bestehen. Die weißen Blüten bilden bis zu 20 cm lange Trauben. Sie duften sehr stark und wachsen am mehrjährigen Holz. Die Blütezeit reicht von Mai bis Juni.
Standort: Die Schein-Akazie ist ein Tiefwurzler. Sie bildet dicht unter der Oberfläche weit streichende Wurzeln, aus denen sich neue Pflanzen entwickeln können (Wurzelbrut). Sie benötigt trockene bis mäßig feuchte, durchlässige, saure bis alkalische Böden. Sie ist frosthart und unempfindlich gegen Trockenheit und Hitze.
Verwendung: In der Landschaft wird Robinia pseudoacacia als Pioniergehölz auf extrem trockenen Sand- und Kiesböden eingesetzt. Allerdings ist sie durch Wurzelausscheidungen mit vielen Pflanzen unverträglich. Als Bodenverbesserer ist sie nützlich, da sie, mithilfe von Stickstoff sammelnden Bakterien, langfristig den Boden mit löslichen Stickstoffverbindungen anreichert.

Abteilung 3: Gehölze mit gefiederten Blättern

Robinia pseudoacacia 'Umbraculifera' (Kugel-Robinie)

Beschreibung: Robinia pseudoacacia 'Umbraculifera' ist ein Klein-Baum mit einer Höhe von 4 bis 6 m und einer dichten und kugelrunden Krone. Die 10 bis 15 cm langen, gefiederten Blätter sind elliptisch geformt und hellgrün. Die weißen Blüten hängen in bis zu 20 cm langen Trauben herunter; die Blütezeit reicht von Anfang bis Ende Juni. Die Blüten entwickeln sich am mehrjährigen Holz.
Standort: Die Kugel-Robinie ist sowohl Tief- als auch Flachwurzler; Pfahl- und Senkwurzeln können auch vorkommen. Sie bevorzugt stark trockene bis frische Böden mit stark sauren bis neutralen pH-Werten. Der Standort sollte vollsonnig bis sonnig sein. Sie ist empfindlich gegenüber Bodenverdichtung und Staunässe.
Verwendung: Verwendung findet Robinia pseudoacacia 'Umbraculifera' im Siedlungsbereich als Straßenbaum, auf Parkplätzen und in Fußgängerzonen. In privaten Gärten wird sie auch als Solitärgehölz eingesetzt, in der Landschaft u.a. als Vogel- und Bienennährgehölz, als Vogelschutzgehölz und zur Bodenverbesserung (Stickstoffsammler).

Rosa canina (Hunds-Rose)

Beschreibung: Rosa canina ist ein 1 bis 3 m hoch wachsender Strauch, der aufrecht und ausladend wächst und Ausläufer bildet. Die Blätter sind unpaarig gefiedert und 8 bis 12 cm lang. Die einzelnen Blättchen sind elliptisch geformt und hellgrün gefärbt. Im Juni erscheinen die weiß bis rosafarbenen Blüten. Sie sind 4 bis 5 cm groß und stehen in Doldentrauben zusammen. Im Oktober reifen die rotbraunen, 2 bis 3 cm großen, länglich eiförmigen Hagebutten (Kernfrucht).
Standort: Rosa canina ist ein Tiefwurzler bzw. Pfahlwurzler mit weit reichendem Wurzelsystem. Sie braucht trockene bis frische und tiefgründige Böden mit schwach sauren bis alkalischen pH-Werten.
Verwendung: Die Hunds-Rose wird in der freien Landschaft als Pionierbesiedler, zur Hangbefestigung und Haldenbegrünung sowie als Lärmschutz- und Bienennährgehölz eingesetzt. In privaten Gärten wird sie hauptsächlich als Heckenpflanze genutzt.

Abteilung 3: Gehölze mit gefiederten Blättern

Rosa 'Leonardo Da Vinci' (Polyantha-Rose 'Leonardo Da Vinci' [hier als Hochstammrose gezogen])

Beschreibung: Die Hochstammrose 'Leonardo Da Vinci' ist eine Polyantha-Rose, die auf eine Hochstammunterlage veredelt worden ist. Sie gehört mit einer Wuchshöhe von 0,4 bis 0,6 m zu den Klein-Sträuchern. Die Blätter sind wechselständig angeordnet und unpaarig gefiedert. Die einzelnen Blättchen sind eiförmig bis elliptisch geformt. Die Blütezeit von 'Leonardo Da Vinci' reicht von Anfang Juni bis Mitte September; die Blüte ist gefüllt und rosafarben.
Standort: Die Hochstammrose 'Leonardo Da Vinci' braucht frische bis feuchte, schwere bis normale Böden mit schwach sauren bis alkalischen pH-Werten auf sonnigen bis absonnigen Standorten.
Verwendung: Verwendet wird die Hochstamm-Form als Solitärgehölz in privaten Gärten, Parks und öffentlichen Anlagen.

Abteilung 3: Gehölze mit gefiederten Blättern

Rosa rugosa (Kartoffel-Rose)

Beschreibung: Rosa rugosa ist ein 1 bis 2 m hoch wachsender Strauch, der aufrecht und ausladend wächst und Ausläufer bildet. Die Blätter sind unpaarig gefiedert und 8 bis 12 cm lang. Die einzelnen Blättchen sind elliptisch geformt und dunkelgrün gefärbt. Von Anfang Juni bis Mitte September reicht die Blütezeit. Die Blüten leuchten in einem dunklen Rosarot. Sie sind 6 bis 8 cm groß und stehen in Doldenrispen zusammen. Im September bis Oktober reifen die roten, 2,5 bis 3 cm großen, eiförmigen bis runden Hagebutten (Kernfrucht).
Standort: Rosa rugosa hat ein weit reichendes Wurzelsystem. Sie braucht trockene bis feuchte Böden mit sauren bis mäßig alkalischen pH-Werten.
Verwendung: Die Kartoffel-Rose wird in der freien Landschaft als Pionierbesiedler, zur Hangbefestigung und Haldenbegrünung sowie als Lärmschutz- und Bienennährgehölz eingesetzt. In privaten Gärten wird sie hauptsächlich als Heckenpflanze und Bodendecker genutzt.

Rosa rugosa 'White Hedge' (Apfel-Rose)

Beschreibung: Rosa rugosa 'White Hedge' ist ein 0,6 bis 0,8 m hoch wachsender Kleinstrauch, der dicht aufrecht wächst und Ausläufer bildet. Die Blätter sind unpaarig gefiedert und die einzelnen Blättchen sind 3 bis 5 cm lang, elliptisch geformt und dunkelgrün gefärbt. Von Anfang Juni bis Mitte September reicht die Blütezeit. Die Blüten leuchten in einem reinen Weiß. Sie sind 6 bis 8 cm groß und stehen in Doldenrispen zusammen. Von September bis Oktober reifen die roten bis braunen, 2,5 bis 3 cm großen, eiförmigen bis flachrunden Hagebutten (Kernfrucht).
Standort: Rosa rugosa 'White Hedge' hat ein weit reichendes Wurzelsystem. Sie braucht trockene bis feuchte Böden mit sauren bis mäßig alkalischen pH-Werten.
Verwendung: Die Apfel-Rose wird in der freien Landschaft als Pionierbesiedler, zur Hangbefestigung und Haldenbegrünung sowie als Lärmschutz- und Bienennährgehölz eingesetzt. In privaten Gärten wird sie hauptsächlich als Heckenpflanze und Bodendecker genutzt.

Rosa 'Schöne Dortmunderin' (Beetrose 'Schöne Dortmunderin' [hier als Hochstammrose gezogen])

Beschreibung: Die Hochstamm-Rose 'Schöne Dortmunderin' gehört zur Gruppe der Beetrosen. Sie ist in diesem Fall auf eine Hochstammunterlage veredelt worden. Sie gehört mit einer Wuchshöhe von 0,6 bis 0,7 m zu den Klein-Sträuchern. Die Blätter sind wechselständig angeordnet und unpaarig gefiedert; die einzelnen Blättchen sind eiförmig bis elliptisch geformt. Die Blütezeit der Hochstammrose 'Schöne Dortmunderin' reicht von Anfang Juni bis Mitte September. Die Blütenfüllung ist normal und die Blütenfarbe tiefrosa.
Standort: Rosa 'Schöne Dortmunderin' braucht frische bis feuchte, schwere bis normale Böden mit schwach sauren bis alkalischen pH-Werten auf vollsonnigen bis absonnigen Standorten.
Verwendung: Verwendet wird die Hochstamm-Form als Solitärgehölz in privaten Gärten, Parks und öffentlichen Anlagen.

Sambucus nigra (Schwarzer Holunder, Fliederbeere)

Beschreibung: Sambucus nigra ist ein buschig, überhängend wachsender Strauch, der eine Wuchshöhe von 5 bis 7 m erreicht. Die dunkelgrünen Blätter können bis zu 30 cm lang werden. Sie sind unpaarig gefiedert und die einzelnen Blättchen haben eine elliptische Form. Die Blütezeit des Holunders beginnt Anfang Mai und endet Ende Juni. Die weißen Blüten stehen in 10 bis 20 cm großen Trugdolden zusammen.

Standort: Sambucus nigra ist ein Flachwurzler mit weit reichendem Wurzelsystem. An den Boden stellt er keine besonderen Ansprüche; der pH-Wert sollte zwischen schwach sauer bis alkalisch liegen.

Verwendung: In der freien Landschaft wird der Schwarze Holunder als Pioniergehölz zur Halden-, Ufer- und Böschungsbefestigung eingesetzt. Er gilt außerdem als Vogel- und Bienennährgehölz. Im Siedlungsbereich nutzt man ihn u.a. als Wildobstgehölz (Obst, Medizin, Farbe).

Abteilung 3: Gehölze mit gefiederten Blättern

Sorbus aucuparia (Eberesche, Vogelbeerbaum)

Beschreibung: Sorbus aucuparia ist ein 5 bis 15 m hoch wachsender Klein-Baum, der oft auch strauchförmig wächst. Die bis zu 20 cm langen, 9- bis 15-fach gefiederten Blätter sind oberseits dunkelgrün und unterseits blaugrün gefärbt. Die Herbstfärbung variiert zwischen gelborange und rot. Eine große Menge von weißen bis cremeweißen Blüten steht in bis zu 15 cm großen Trugdolden zusammen. Die Blütezeit reicht von Mai bis Juni. Die roten, erbsengroßen Beeren reifen ab August. Sie sind nur im gekochten Zustand genießbar.
Standort: Die Eberesche hat ein flaches, weit streichendes Wurzelsystem. An den Boden stellt sie keine besonderen Ansprüche. Der Standort kann sonnig bis halbschattig sein. Sie ist schnellwüchsig, aber nur kurzlebig.
Verwendung: In der Landschaft wird Sorbus aucuparia auf allen Substraten, vor allem als Pioniergehölz, in Schutzpflanzungen, Hecken und Knicks eingesetzt. Im Siedlungsbereich wird sie relativ vielfältig wegen ihres Fruchtschmucks gepflanzt (an Straßen, Plätzen, Wegen und als Hausbaum).

Abteilung 3: Gehölze mit gefiederten Blättern

Staphylea pinnata (Gemeine Pimpernuss)

Beschreibung: Staphylea pinnata, die Gemeine Pimpernuss, ist ein ca. 5 m hoch wachsender Strauch mit locker aufrecht wachsender Krone. Die Blätter sind unpaarig gefiedert und bis zu 25 cm lang; die einzelnen Blättchen haben eine eiförmige bis lanzettliche Form und sind grün gefärbt. Die weißen Blüten erscheinen Ende Mai bis Ende Juni; sie hängen traubenförmig an langen Stielen.
Standort: Die Gemeine Pimpernuss braucht frische bis feuchte, mittelgründige Böden mit schwach sauren bis alkalischen pH-Werten; der Nährstoffgehalt kann arm bis normal sein. Die Lichtintensität des Standorts kann zwischen sonnig und halbschattig variieren.
Verwendung: Im Siedlungsbereich wird Staphylea pinnata selten eingesetzt; häufiger kommt sie in der Landschaft als Feldgehölz und als öffentliches Grün in Straßenräumen vor.

Wisteria sinensis
(Chinesischer Blauregen, Glycine, China-Wisterie)

Beschreibung: Wisteria sinensis, der Chinesische Blauregen, ist eine linkswindende Schlingpflanze mit wenig verzweigtem Wuchs. Er ist schnellwüchsig und erreicht eine Höhe von 8 bis 15 m. Die sommergrünen Blätter sind unpaarig gefiedert (zu 7 bis 13) und hellgrün gefärbt. Die einzelnen Fiederblättchen haben eine eiförmige bis elliptische Form und sind 3 bis 7 cm lang. Von Mai bis Juni blühen am mehrjährigen Holz violette Blüten, die in 10 bis 30 cm langen Trauben zusammenhängen. Im Sommer reifen bohnenartige, bis zu 15 cm lange Hülsen. Sie sind von grüner Farbe, samtig behaart und giftig.
Standort: Der Chinesische Blauregen braucht sandig-lehmige, frische bis feuchte, saure bis neutrale und nährstoffreiche Böden auf sonnigen bis halbschattigen Standorten.
Verwendung: Im Siedlungsbereich verwendet man Wisteria sinensis als Blütengehölz zur Begrünung von Pergolen, Lauben und Hauswänden mit Kletterhilfen.
Hinweis: Wisteria sinensis ist robust, frosthart, hitzeverträglich und stadtklimafest. Beim Schnitt sollte man nicht ins alte Holz zurückschneiden. Es ist ratsam, den Chinesischen Blauregen nicht an Abflussrohren und Dachrinnen wachsen zu lassen, da diese von der Pflanze zusammengedrückt werden.

Abteilung 3: Gehölze mit gefiederten Blättern

Wisteria sinensis 'Alba'
(Chinesischer Blauregen, Glycine, China-Wisterie)

Beschreibung: Wisteria sinensis 'Alba', der Chinesische Blauregen, ist eine linkswindende Schlingpflanze mit wenig verzweigtem Wuchs. Der Chinesische Blauregen ist schnellwüchsig und erreicht eine Höhe von 8 bis 15 m. Die sommergrünen Blätter sind unpaarig gefiedert (zu 7 bis 13) und hellgrün gefärbt. Die einzelnen Fiederblättchen haben eine eiförmige bis elliptische Form und sind 3 bis 7 cm lang. Von Mai bis Juni blühen am mehrjährigen Holz weiße Blüten, die in 10 bis 30 cm langen Trauben zusammenhängen. Im Sommer reifen bohnenartige, bis zu 15 cm lange Hülsen. Sie sind von grüner Farbe, samtig behaart und giftig.
Standort: Der Chinesische Blauregen braucht sandig-lehmige, frische bis feuchte, saure bis neutrale und nährstoffreiche Böden auf sonnigen bis halbschattigen Standorten.
Verwendung: Im Siedlungsbereich verwendet man Wisteria sinensis 'Alba' als Blütengehölz zur Begrünung von Pergolen, Lauben und Hauswänden mit Kletterhilfen.
Hinweis: Wisteria sinensis 'Alba' ist robust, frosthart, hitzeverträglich und stadtklimafest. Beim Schnitt sollte man nicht ins alte Holz zurückschneiden. Ebenso sollte man den Chinesischen Blauregen nicht an Abflussrohren und Dachrinnen wachsen lassen, da diese von der Pflanze zusammengedrückt werden.

ABTEILUNG 4

Gehölze mit eiförmigen und verkehrt eiförmigen Blättern

Berberis thunbergii (Grüne Hecken-Berberitze): S. 80

Berberis verruculosa (Warzen-Berberitze): S. 81

Betula papyrifera (Papier-Birke): S. 82

Cornus alba 'Sibirica' (Purpur-Hartriegel): S. 83

Euonymus alatus (Korkflügelstrauch, Flügel-Spindelbaum): S. 84

Fagus sylvatica (Rot-Buche, Buche): S. 85

Fagus sylvatica 'Purpurea' (Blut-Buche): S. 86

Fothergilla gardenii (Federbusch, Erlenblättriger Federbusch): S. 87

Halesia carolina (Maiglöckchenstrauch, Schneeglöckchenstrauch): S. 88

Abteilung 4: Gehölze mit eiförmigen und verkehrt eiförmigen Blättern

Hydrangea paniculata (Rispen-Hortensie): S. 89

Hydrangea sargentiana (Samt-Hortensie): S. 90

Ilex aquifolium (Ilex, Stechpalme): S. 91

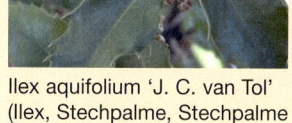

Ilex aquifolium 'J. C. van Tol' (Ilex, Stechpalme, Stechpalme 'J. C. van Tol'): S. 92

Lonicera xylosteum (Rote Heckenkirsche): S. 93

Magnolia liliiflora 'Nigra' (Purpur-Magnolie, Purpur-Magnolie 'Nigra'): S. 94

Magnolia x soulangiana (Tulpen-Magnolie): S. 95

Abteilung 4: Gehölze mit eiförmigen und verkehrt eiförmigen Blättern

Magnolia stellata (Stern-Magnolie): S. 96

Nothofagus antarctica (Scheinbuche, Pfennigbuche, Südbuche): S. 97

Pachysandra terminalis (Schattengrün, Dickanthere, Ysander, Dickmännchen): S. 98

Parrotia persica (Parrotie, Eisenholz): S. 99

Philadelphus x virginalis (Falscher Jasmin, Pfeifenstrauch): S. 100

Prunus serrulata 'Kanzan' (Hohe Nelken-Kirsche, Japanische Blüten-Kirsche): S. 101

Prunus triloba (Mandelbäumchen, Mandelröschen): S. 102

Abteilung 4: Gehölze mit eiförmigen und verkehrt eiförmigen Blättern

Pyracantha coccinea (Feuerdorn): S. 103

Salix aurita (Öhrchen-Weide, Ohr-Weide, Salbei-Weide): S. 104

Sorbus intermedia (Schwedische Mehlbeere): S. 105

Ulmus carpinifolia (Feld-Ulme, Feld-Rüster): S. 106

Vaccinium vitis-idaea (Preiselbeere, Kronsbeere): S. 107

Abteilung 4: Gehölze mit eiförmigen und verkehrt eiförmigen Blättern

Berberis thunbergii (Grüne Hecken-Berberitze)

Beschreibung: Berberis thunbergii, auf Deutsch Grüne Hecken-Berberitze genannt, gehört zur Gruppe der Sträucher. Sie erreicht eine Höhe von 2 bis 3 m. Ihr Wuchs ist aufrecht überhängend bis trichterförmig. Die Blätter sind eiförmig und erreichen eine Länge von 1 bis 3,5 cm. Auf der Oberseite sind sie hellgrün, unterseits dunkelgrün bis blaugrün gefärbt. Die Herbstfärbung ist hellrot bis hellorange. Die Rinde ist dunkelrot bis dunkelbraun gefärbt und mit Dornen bewehrt. Die ca. 1 cm großen Blüten sind gelb bis rot gefärbt und blühen von Anfang bis Ende Mai. Ab September reifen glänzend hellrote Früchte, die oft bis zum Frühjahr haften bleiben und essbar sind; sie schmecken saftig-säuerlich.

Standort: Die Grüne Hecken-Berberitze ist ein Flachwurzler mit feinem Wurzelsystem; sie bevorzugt trockene bis feuchte, leicht saure bis mäßig alkalische, nährstoffreiche Böden. Ihre Lichtansprüche reichen von sonnig bis leicht schattig.

Verwendung: Im Siedlungsbereich wird Berberis thunbergii als Pionierbesiedler, Vogelschutz- und Bienennährgehölz eingesetzt; weiterhin benutzt man die Grüne Hecken-Berberitze als öffentliches Grün für Parkpflanzungen, auf Parkplätzen und in Fußgängerzonen. In Gärten benutzt man sie vorzugsweise als Solitär- und Gruppengehölz, besonders wegen ihrer dekorativen Rinde und Herbstfärbung.

Berberis verruculosa (Warzen-Berberitze)

Beschreibung: Berberis verruculosa ist ein dicht wachsender Strauch mit bogig überhängenden Seitentrieben und einer Wuchshöhe von 1 bis 1,5 m. Die immergrünen, eiförmigen Blätter sind oberseits dunkelgrün glänzend und unterseits weißlichblau gefärbt; sie sind mit Randdornen bewehrt. Die Warzen-Berberitze blüht von Anfang Mai bis Ende Juni. Die Blüten sind goldgelb und duften schwach. Im August bis Oktober reifen schwarzblaue, bereifte, länglich eiförmige Beeren.
Standort: Berberis verruculosa ist ein Flachwurzler; an den Boden stellt sie keine besonderen Ansprüche. Der Standort kann sonnig bis schattig sein.
Verwendung: Im Siedlungsbereich wird die Warzen-Berberitze als Solitär-, Gruppen- und Heckengehölz sowie für Kübelbepflanzungen, für Dachgärten und auf Friedhöfen eingesetzt.

Abteilung 4: Gehölze mit eiförmigen und verkehrt eiförmigen Blättern

Betula papyrifera (Papier-Birke)

Beschreibung: Betula papyrifera, auf Deutsch Papier-Birke genannt, gehört zur Gruppe der Bäume. Sie erreicht eine Höhe von 15 bis 20 m. Ihre Krone ist rundlich bis pyramidal, der Stamm ist meistens durchgehend. Die Blätter sind eiförmig und erreichen eine Länge von 4 bis 10 cm. Auf der Oberseite sind sie tiefgrün, unterseits hellgelbgrün gefärbt. Die Herbstfärbung ist goldgelb. Eine Besonderheit ist die Rinde. Sie ist leuchtend weiß und glatt und kann in breiten, dünnen Streifen abgelöst werden (Papier). Bei den Blüten sind nur die gelbgrünen männlichen Pollenträger, die Kätzchen, auffallend; sie blühen im April.

Standort: Die Papier-Birke ist ein Flachwurzler; sie bevorzugt normale, nährstoffreiche Böden. Ihre Lichtansprüche sind hoch; sie braucht einen sonnigen Standort. Allerdings ist sie empfindlich gegen starke Strahlung und Oberflächenverdichtung.

Verwendung: In Parks wird Betula papyrifera als Solitär- und Gruppengehölz eingesetzt, im Siedlungsbereich überwiegend als Solitärgehölz (dekorative Rinde).

Abteilung 4: Gehölze mit eiförmigen und verkehrt eiförmigen Blättern

Cornus alba 'Sibirica' (Purpur-Hartriegel)

Beschreibung: Cornus alba 'Sibirica' ist ein Strauch von 2 bis 3 m Höhe, der breit und buschig ausladend wächst. Die hellgrünen Blätter werden 4 bis 8 cm lang und sind eiförmig. Die Herbstfärbung ist rot, orange und gelb. Die Blütezeit liegt zwischen Anfang Mai und Ende Juni. Die weißen Einzelblüten stehen in 3 bis 5 cm großen Trugdolden zusammen; die Farbe der Früchte (Steinfrucht) kann zwischen Gelb, Orange, Rot, Purpur und Braun sehr stark variieren.

Standort: Das Wurzelsystem des Purpur-Hartriegels ist flach. An den Boden hat er keine besonderen Ansprüche, bevorzugt aber frische bis feuchte und humose Böden auf sonnigen bis schattigen Standorten. Der pH-Wert des Bodens sollte zwischen leicht sauer bis alkalisch liegen.

Verwendung: Benutzt wird Cornus alba 'Sibirica' in der freien Landschaft als Pionier-, Windschutz- und Heckengehölz; in Hausgärten wegen der Rindenfärbung auch als Ziergehölz.

Abteilung 4: Gehölze mit eiförmigen und verkehrt eiförmigen Blättern

Euonymus alatus (Korkflügelstrauch, Flügel-Spindelbaum)

Beschreibung: Euonymus alatus, der Korkflügelstrauch, gehört mit einer Wuchshöhe von 2 bis 4,5 m zu den Sträuchern bzw. Groß-Sträuchern. Er wächst aufrecht, breit und sparrig ausladend. Auf den älteren Ästen und Zweigen trägt er kantige Korkleisten. Die verkehrt eiförmigen Blätter sind 5 bis 7 cm lang und auf der Unterseite etwas heller grün gefärbt als auf der Oberseite. Die Herbstfärbung ist karminrot. Die kleinen Blüten erscheinen im Mai; sie sind gelbgrün gefärbt und unscheinbar.
Standort: Der Korkflügelstrauch ist ein Flach-Wurzler und stellt an den Standort keine besonderen Ansprüche. Sein Lichtbedarf reicht von sonnig bis halbschattig.
Verwendung: Verwendet wird Euonymus alatus im Siedlungsbereich hauptsächlich als Zierstrauch (Herbstfärbung, Korkleisten).

Abteilung 4: Gehölze mit eiförmigen und verkehrt eiförmigen Blättern

Fagus sylvatica (Rot-Buche, Buche)

Beschreibung: Fagus sylvatica, die Rot-Buche, ist ein Groß-Baum mit runder Krone; sie kann eine Höhe von 25 bis 30 m erreichen. Die 5 bis 10 cm langen Blätter sind eiförmig und dunkelgrün gefärbt. Sie haben einen charakteristischen welligen Rand. Die Herbstfärbung reicht von Hellgelb über Orange bis Rotbraun. Die Rot-Buche blüht unauffällig im Mai. Ab September reifen die Samen, die Bucheckern, in etwa 2 cm großen Fruchtbechern.

Standort: Fagus sylvatica ist ein Herzwurzler mit dichter Oberflächendurchwurzelung. Die Wurzeln sind äußerst intolerant und empfindlich gegenüber Eingriffen. Sie braucht einen frischen bis feuchten, durchlässigen und lockeren, nährstoffreichen Boden auf sonnigen bis halbschattigen Standorten.

Verwendung: Die Rot-Buche wird in der Landschaft für Schutzpflanzungen, Mischpflanzungen und Knicks eingesetzt. Darüber hinaus ist sie ein beliebter Dorfbaum.

Abteilung 4: Gehölze mit eiförmigen und verkehrt eiförmigen Blättern

Fagus sylvatica 'Purpurea' (Blut-Buche)

Beschreibung: Fagus sylvatica 'Purpurea' wächst etwas schwächer als Fagus sylvatica, hat dunkelrote, metallisch glänzende Blätter und eine orangefarbene Herbstfärbung. Die übrigen Eigenschaften sind denen von Fagus sylvatica gleich (s. dort).

Abteilung 4: Gehölze mit eiförmigen und verkehrt eiförmigen Blättern

Fothergilla gardenii (Federbusch, Erlenblättriger Federbusch)

Beschreibung: Fothergilla gardenii ist ein 0,75 bis 1 m hoher Kleinstrauch, der breitbuschig aufrecht wächst. Die Blätter sind 2 bis 5 cm lang, oberseits grün und unterseits blaugrün gefärbt. Sie sind eiförmig bis verkehrt eiförmig ausgeprägt. Die Herbstfärbung der Blätter hat einen sehr großen Zierwert und besticht durch eine attraktive Leuchtkraft. Die Farben reichen von Gelb über Rot bis Violett. Dadurch, dass die Blätter sehr lange am Ast haften bleiben, wird die Attraktivität des Herbstlaubs noch weiter erhöht. Die zahlreichen Blüten stehen in ca. 3,5 cm langen, aufrechten Ähren zusammen. Sie sind cremweiß gefärbt, duften stark süßlich und blühen von Anfang bis Ende Mai.

Standort: Der Federbusch braucht frische bis nasse, sandig-humose Böden mit sauren bis neutralen pH-Werten. Staunässe und Bodenverdichtung verträgt er gut; er bevorzugt Standorte in sonniger bis halbschattiger Lage.

Verwendung: Verwendet wird Fothergilla gardenii in Parkpflanzungen, in Haus-, Vor- und Atriumgärten, in Hinterhöfen und an Terrassen als Ziergehölz für die Einzelstellung und als Gruppengehölz. Besonders setzt man den Erlenblättrigen Federbusch in Heidegärten, an Teichufern und als Rhododendron-Begleiter ein.

Halesia carolina
(Maiglöckchenstrauch, Schneeglöckchenstrauch)

Beschreibung: Halesia carolina ist ein Groß-Strauch von 6 bis 9 m Höhe, der strauch- oder baumartig wächst. Die 5 bis 10 cm langen, eiförmigen Blätter sind auf der Oberseite gelbgrün gefärbt und filzig. Die Unterseite ist dunkelgrau gefärbt und behaart. Die Herbstfärbung ist gelb. Im Mai erscheinen am mehrjährigen Holz glockenförmige, weiße Blüten. Sie hängen zu 3 bis 5 Blüten in Büscheln zusammen. Im September reifen die 3 bis 5 cm großen, geflügelten Steinfrüchte; sie haben eine hellbraune Färbung.
Standort: Der Maiglöckchenstrauch wurzelt flach und verzweigt. Er braucht frischen, humosen und sauren Boden in geschützten, sonnigen Lagen.
Verwendung: Verwendet wird Halesia carolina im Siedlungsbereich als Zierstrauch und Blütengehölz.

Hydrangea paniculata
(Rispen-Hortensie)

Beschreibung: Hydrangea paniculata ist ein aufrecht, stark verzweigt und breitbuschig wachsender Strauch mit einer Höhe von 2 bis 3 m. Die eiförmigen Blätter sind mattgrün gefärbt und 7 bis 15 cm lang. Die im August am einjährigen Holz erscheinenden Blüten sind 15 bis 25 cm lange, weiße Doldenrispen, die sich im Verblühen nach Rosa verfärben.
Standort: Die Rispen-Hortensie wurzelt kräftig, flach und tief. Sie benötigt feuchten, nahrhaften, humosen und sauren Gartenboden in windgeschützter, halbschattiger Lage. Hydrangea paniculata reagiert empfindlich auf Kalk und Oberflächenverdichtung.
Verwendung: Verwendet wird die Rispen-Hortensie im Hausgarten als Zierstrauch sowie einzeln und in Gruppen im Siedlungsgrün.

Abteilung 4: Gehölze mit eiförmigen und verkehrt eiförmigen Blättern

Hydrangea sargentiana (Samt-Hortensie)

Beschreibung: Hydrangea sargentiana ist ein aufrecht wachsender Strauch mit steifen und dicken Trieben; er wird 2 bis 3,5 m hoch. Die 15 bis 35 cm langen, eiförmigen Blätter sind auf der Oberseite samtig und unterseits rauh behaart. Beide Blattseiten sind tiefgrün gefärbt. Die im Juli erscheinenden Blüten sind große, flach gewölbte Doldenrispen mit weißen, sterilen (unfruchtbaren) Randblüten und hellvioletten, fertilen (fruchtbaren) Innenblüten, die im Verblühen blau werden.

Standort: Die Samt-Hortensie wurzelt kräftig und, je nach Bodengründigkeit, sowohl flach als auch tief. Die Samt-Hortensie benötigt feuchte, nahrhafte, humose und saure Gartenböden in windgeschützten Lagen, die möglichst im Halbschatten liegen. Sie ist nur bedingt winterhart.

Verwendung: Verwendung findet Hydrangea sargentiana im Siedlungsbereich in Parks und in Hausgärten als exotisch wirkender Zierstrauch.

Abteilung 4: Gehölze mit eiförmigen und verkehrt eiförmigen Blättern

Ilex aquifolium (Ilex, Stechpalme)

Beschreibung: Ilex aquifolium ist ein Groß-Strauch bis Klein-Baum und erreicht eine maximale Wuchshöhe von ca. 10 m. Die Krone ist kegelförmig hochgewölbt mit waagerecht stehenden Ästen. Die immergrünen, 5 bis 7 cm langen, eiförmigen Blätter haben einen stacheligen Rand und sind auffällig glänzend. Von Mai bis Juni erscheinen kleine, unscheinbare, weiße Blüten. Auffälliger sind die rot leuchtenden Früchte, die zahlreich ab September heranreifen.
Standort: Die Stechpalme ist ein Herzwurzler und braucht mäßig trockene bis frische Böden mit sauren bis neutralen pH-Werten. Der Standort sollte halbschattig bis schattig sein.
Verwendung: Die Stechpalme wird vor allem in der Landschaft als Vogelschutz- und Vogelnährgehölz eingesetzt; in Hausgärten nutzt man sie u. a. als Solitärgehölz (Fruchtschmuck), als Hecken- und Gruppengehölz sowie als Formgehölz.

Ilex aquifolium 'J.C. van Tol'
(Ilex, Stechpalme, Stechpalme 'J.C. van Tol')

Beschreibung: Ilex aquifolium 'J.C. van Tol' ist ein Groß-Strauch bis Klein-Baum und erreicht eine maximale Wuchshöhe von ca. 10 m. Die Krone ist kegelförmig hochgewölbt mit waagerecht stehenden Ästen. Die immergrünen, 5 bis 7 cm langen, eiförmigen Blätter haben einen stacheligen Rand und sind auffällig glänzend. Von Mai bis Juni erscheinen kleine, unscheinbare, weiße Blüten. Auffälliger sind die orangerot leuchtenden Früchte, die zahlreich ab September heranreifen.
Standort: Die Stechpalme 'J.C. van Tol' ist ein Herzwurzler und braucht mäßig trockene bis frische Böden mit sauren bis neutralen pH-Werten. Der Standort sollte halbschattig bis schattig sein.
Verwendung: Die Stechpalme wird vor allem in der Landschaft als Vogelschutz- und Vogelnährgehölz eingesetzt; in Hausgärten nutzt man sie u. a. als Solitärgehölz (Fruchtschmuck), als Hecken- und Gruppengehölz sowie als Formgehölz.

Lonicera xylosteum
(Rote Heckenkirsche)

Beschreibung: Lonicera xylosteum ist ein breit aufrecht wachsender Strauch mit einer Höhe von 2 bis 3 m. Die 4 bis 6 cm langen, grünen Blätter sind eiförmig ausgeprägt. Die Rote Heckenkirsche blüht im Mai; die Blüten sind von gelblichweißer Farbe. Die Früchte sind erbsengroß und dunkelrot.

Standort: Lonicera xylosteum ist ein Flachwurzler. An den Boden stellt sie keine besonderen Ansprüche; er sollte schwach sauer bis alkalisch sein. Die Lichtverhältnisse können von sonnig bis schattig variieren.

Verwendung: Die Rote Heckenkirsche findet Verwendung in der Landschaft und im Siedlungsbereich hauptsächlich als anspruchsloser Deckstrauch und als Strauch- und Blütenhecke.

Magnolia liliiflora 'Nigra'
(Purpur-Magnolie, Purpur-Magnolie 'Nigra')

Beschreibung: Magnolia liliiflora 'Nigra' ist ein Strauch bis Groß-Strauch von 3 bis 4 m Höhe; er wächst dicht verzweigt und breit. Die verkehrt eiförmigen, dunkelgrünen Blätter sind 8 bis 18 cm lang. Im Mai erscheinen mit dem Blattaustrieb 8 bis 10 cm lange, glockenförmige, aufrechte Blüten, die außen purpur und innen hellpurpur gefärbt sind.
Standort: Die Purpur-Magnolie wurzelt flach ausgebreitet mit fleischigen Wurzeln. Sie benötigt einen humosen, sauren bis schwach alkalischen Boden in windgeschützter Lage.
Verwendung: Magnolia liliiflora 'Nigra' findet Verwendung im Siedlungsbereich als Solitärgehölz oder im Garten als Hausbaum.

Abteilung 4: Gehölze mit eiförmigen und verkehrt eiförmigen Blättern

Magnolia x soulangiana
(Tulpen-Magnolie)

Beschreibung: Magnolia x soulangiana, die Tulpen-Magnolie, ist ein Groß-Strauch bis Klein-Baum von maximal 8 m Höhe. Sie wächst zunächst locker aufrecht, später, im Alter, breit ausladend und überhängend. Die verkehrt eiförmigen, grünen Blätter sind 15 bis 20 cm lang. Im April und Mai erscheinen aufrecht stehende, glockenförmige Blüten, die sich später schalenförmig ausbreiten. Sie sind ca. 10 cm hoch, außen rötlich-rosa und innen weiß gefärbt. Sie blühen sehr zahlreich und auffallend.
Standort: Die Tulpen-Magnolie wurzelt flach ausgebreitet bis mäßig tief mit fleischigen Wurzeln. Sie benötigt einen humosen, sauren bis schwach alkalischen Boden in windgeschützter Lage.
Verwendung: Magnolia x soulangiana findet Verwendung im Siedlungsbereich als Solitärgehölz oder im Garten als Hausbaum.

Abteilung 4: Gehölze mit eiförmigen und verkehrt eiförmigen Blättern

Magnolia stellata
(Stern-Magnolie)

Beschreibung: Magnolia stellata, die Stern-Magnolie, ist ein Strauch von 2 bis 3 m Höhe; sie wächst dicht verzweigt und breit. Die verkehrt eiförmigen, dunkelgrünen Blätter sind 4 bis 10 cm lang. Im März bis April erscheinen sehr zahlreich vor dem Blattaustrieb ca. 8 cm große, sternförmige, weiße Blüten.
Standort: Die Stern-Magnolie wurzelt flach ausgebreitet bis mäßig tief mit fleischigen Wurzeln. Sie benötigt einen humosen, sauren bis schwach alkalischen Boden in windgeschützter Lage.
Verwendung: Magnolia stellata findet Verwendung im Siedlungsbereich als Solitärgehölz oder im Garten als Hausbaum. Da sie langsam wächst, ist sie auch für kleine Gärten gut geeignet.

Abteilung 4: Gehölze mit eiförmigen und verkehrt eiförmigen Blättern

Nothofagus antarctica
(Scheinbuche, Pfennigbuche, Südbuche)

Beschreibung: Nothofagus antarctica wächst in der Regel als mehrstämmiger Klein-Baum oder Groß-Strauch mit einer Wuchshöhe von 6 bis 10 m. Seine Krone wird von fischgrätenartig verzweigten, meist waagerecht wachsenden Seitenästen gebildet. Die kleinen, eiförmigen Blätter haben einen gekrausten Rand, sind 1,5 cm groß, frischgrün und im Herbst goldgelb. Die Blüten und Früchte sind unscheinbar.
Standort: Die Scheinbuche wurzelt sowohl tief als auch flach und weit ausgebreitet. Sie braucht frische, durchlässige Erde und bevorzugt saure Böden.
Verwendung: Verwendung findet Nothofagus antarctica als Solitärpflanze im Siedlungsbereich in Parks und anderen Grünanlagen oder als Ziergehölz in Gärten, an Terrassen, vor Mauern und in großen Pflanzgefäßen.

Abteilung 4: Gehölze mit eiförmigen und verkehrt eiförmigen Blättern

Pachysandra terminalis
(Schattengrün, Dickanthere, Ysander, Dickmännchen)

Beschreibung: Pachysandra terminalis ist ein Halb-Strauch bzw. Zwerg-Strauch, der mattenartig wächst und eine Höhe von 20 bis 30 cm erreicht. Die immergrünen Blätter sind 5 bis 7 cm lang, verkehrt eiförmig und grob gezähnt. Das Schattengrün blüht im April und bis in den Mai hinein.

Standort: Das Wurzelsystem ist flach mit fleischigen Rhizomen (Wurzelausläufer). Der Boden sollte locker und frisch bis feucht sein; pH-Werte von schwach sauer bis leicht alkalisch sind optimal; der Standort kann halbschattig bis schattig sein.

Verwendung: Verwendet wird Pachysandra terminalis hauptsächlich als Bodendecker in schattigen Lagen und zur Unterpflanzung von Gehölzen.

Abteilung 4: Gehölze mit eiförmigen und verkehrt eiförmigen Blättern

Parrotia persica
(Parrotie, Eisenholz)

Beschreibung: Parrotia persica ist ein 8 bis 10 m hoher Groß-Strauch oder Klein-Baum, der meist mehrstämmig, aufrecht und breit ausladend wächst. Die bis 10 cm langen, verkehrt eiförmigen Blätter sind glänzend dunkelgrün und in der Herbstfärbung vielfarbig in gelben und roten Farbtönen. Die im März bis April erscheinenden Blüten stehen in Blütenständen zusammen, die aus zahlreichen gelben Einzelblüten mit heraushängenden roten Staubgefäßen bestehen.
Standort: Parrotia persica wurzelt sowohl tief als auch flach und benötigt normalen, kultivierten Boden.
Verwendung: Die Parrotie wird im Siedlungsbereich, in öffentlichen Grünanlagen und privaten Gärten hauptsächlich als Solitärpflanze verwendet.

Abteilung 4: Gehölze mit eiförmigen und verkehrt eiförmigen Blättern

Philadelphus x virginalis
(Falscher Jasmin, Pfeifenstrauch)

Beschreibung: Philadelphus x virginalis ist ein aufrecht, überhängend und sparrig wachsender Strauch mit einer Höhe von 2 bis 3 m. Die 4 bis 7 cm langen, eiförmigen Blätter sind dunkelgrün. Anfang Juni bis Ende Juli leuchten weiße, gefüllte, in Trauben angeordnete Blüten; sie verströmen einen starken, süßfruchtigen Duft.
Standort: Der Pfeifenstrauch ist ein Flach- oder Herzwurzler. An den Boden stellt er keine besonderen Ansprüche; er sollte aber einen pH-Wert von schwach sauer bis alkalisch aufweisen. Der Standort kann sonnig bis absonnig sein.
Verwendung: Philadelphus x virginalis wird in privaten Gärten, Parks und öffentlichen Einrichtungen sehr vielfältig verwendet. Besonders häufig verwendet man den Pfeifenstrauch als blühendes Heckengehölz.

Abteilung 4: Gehölze mit eiförmigen und verkehrt eiförmigen Blättern

Prunus serrulata 'Kanzan'
(Hohe Nelken-Kirsche, Japanische Blüten-Kirsche)

Beschreibung: Prunus serrulata 'Kanzan' ist ein Klein-Baum oder Groß-Strauch mit einer Höhe von 7 bis 12 m. Er wächst trichterförmig und locker verzweigt. Die 6 bis 15 cm großen, eiförmigen bis verkehrt eiförmigen, glänzend grünen Blätter sind beidseitig behaart. Die Herbstfärbung ist orange und gelb. Im April und Mai blühen gefüllte, dunkelrosa gefärbte Blüten; sie hängen zu 2 bis 5 Blüten in Büscheln zusammen.
Standort: Die Hohe Nelken-Kirsche wurzelt breit und tief. Sie benötigt kultivierte Böden, die tiefgründig, durchlässig und kalkreich sind.
Verwendung: Prunus serrulata 'Kanzan' wird im Siedlungsbereich als Solitär- und Gruppengehölz verwendet. In öffentlichen Grünanlagen und im Straßenraum benutzt man sie als Einzel- und Gruppengehölz sowie als Alleebaum.

Prunus triloba (Mandelbäumchen, Mandelröschen)

Beschreibung: Prunus triloba ist ein Strauch oder Zierbaum (als Hochstamm-Veredelung), der dicht verzweigt und breitbuschig wächst und eine Höhe von 1 bis 2,5 m erreicht. Die verkehrt eiförmigen Blätter sind 3 bis 6 cm breit. Im April entfalten sich entlang der vorjährigen Triebe rosa Blüten; sie sind röschenartig und gefüllt. Häufig erscheinen die auffallenden Blüten vor dem Blattaustrieb.
Standort: Das Mandelbäumchen ist ein Flachwurzler und beansprucht kultivierte, durchlässige, neutrale bis schwach saure Böden. Es reagiert empfindlich auf Trockenheit und Oberflächenverdichtung.
Verwendung: Verwendung findet Prunus triloba vor allem als Solitärgehölz in Gärten, Vorgärten, an Terrassen und in Pflanzgefäßen.

Abteilung 4: Gehölze mit eiförmigen und verkehrt eiförmigen Blättern

Pyracantha coccinea (Feuerdorn)

Beschreibung: Pyracantha coccinea ist ein buschig und stark verzweigt mit dornigen Trieben wachsender Strauch bis Groß-Strauch. Die Wuchshöhe reicht von 2 bis 4 m. Die winter- bis immergrünen Blätter sind 3 bis 7 cm lang, eiförmig, oberseits glänzend dunkelgrün und unterseits hellgrün gefärbt. Die Blütezeit reicht von Anfang Mai bis Ende Juni; die weißen Blüten stehen in Doldenrispen zusammen. Anfang September bis Ende November reifen rundliche, 0,5 bis 0,8 cm große Früchte in roten, gelben, orangen und braunen Farben heran.
Standort: Der Feuerdorn ist ein Tiefwurzler mit Pfahlwurzel und weit reichendem Wurzelsystem. Er gedeiht auf allen normalen Gartenböden, bevorzugt aber leichte, nährstoffreiche Böden. Der Standort kann sonnig bis halbschattig sein. In harten Wintern braucht er Schutz.
Verwendung: Im Siedlungsbereich wird der Feuerdorn hauptsächlich wegen seines Fruchtschmucks als Zierstrauch eingesetzt.

Salix aurita (Öhrchen-Weide, Ohr-Weide, Salbei-Weide)

Beschreibung: Salix aurita, die Ohr-Weide, ist ein 1 bis 3 m hoch wachsender Strauch mit breiter und dichter Krone. Die 2,5 bis 5 cm großen, verkehrt eiförmigen Blätter sind oberseits mattgrün und unterseits dank der filzigen Behaarung silbergrau gefärbt. Die zweihäusigen Blüten erscheinen zwischen Anfang April und Ende Mai. Die männlichen Blüten sind 1 bis 2 cm lang, zunächst von silbriger Farbe, später gelb gefärbt. Die weiblichen Blüten sind ähnlich gefärbt, aber etwa 3 cm lang und verströmen einen angenehmen Duft.

Standort: Die Ohr-Weide ist ein Flachwurzler; an den Boden stellt sie keine besonderen Ansprüche, allerdings sollte der pH-Wert zwischen stark sauer und schwach sauer liegen. Der Standort kann sonnig bis halbschattig sein.

Verwendung: Salix aurita wird im privaten Bereich besonders zur Rahmen- und Gruppenbepflanzung und zur Begrünung von Bachläufen und Teichrändern eingesetzt. In der Landschaft wird die Ohr-Weide vor allem als Pioniergehölz zur Bodenverbesserung, zur Ufer- und Hangbefestigung sowie als Windschutz- und Bienennährgehölz genutzt.

Abteilung 4: Gehölze mit eiförmigen und verkehrt eiförmigen Blättern

Sorbus intermedia (Schwedische Mehlbeere)

Beschreibung: Sorbus intermedia ist mit einer Wuchshöhe von 10 bis 18 m ein Klein-Baum bis Baum; die Krone ist dicht und eiförmig. Die bis zu 10 cm langen, eiförmigen Blätter sind oberseits glänzend dunkelgrün und unterseits filzig graugrün. Zahlreiche Blüten stehen im Mai und Juni in 8 bis 10 cm breiten Trugdolden zusammen. Im September reifen die 1 bis 3 cm dicken, eiförmigen, orangefarbenen bis scharlachroten Früchte.

Standort: Die Schwedische Mehlbeere ist ein Herzwurzler. An den Boden stellt sie keine besonderen Ansprüche. Der Standort kann sonnig bis halbschattig sein.

Verwendung: Verwendet wird Sorbus intermedia besonders wegen ihres Fruchtschmuckes an Plätzen, Wegen, Straßen und als Hausbaum; in der Landschaft (u. a.) in Hecken, Knicks und Schutzpflanzungen.

Abteilung 4: Gehölze mit eiförmigen und verkehrt eiförmigen Blättern

Ulmus carpinifolia (Feld-Ulme, Feld-Rüster)

Beschreibung: Ulmus carpinifolia ist ein Groß-Baum mit breiter, dichter Krone und einer Wuchshöhe von bis zu 35 m. Die glänzend dunkelgrünen Blätter der Feld-Ulme sind eiförmig und asymmetrisch; die Herbstfärbung ist gelb. Ab Anfang Februar erscheinen die unauffälligen Blüten; die breit geflügelten Nüsschen reifen in großer Zahl ab April bis Mai.
Standort: Ulmus carpinifolia ist ein Tiefwurzler mit weit streichenden Seitenwurzeln. Sie hat keine besonderen Ansprüche an den Boden, der Standort sollte sonnig bis halbschattig sein.
Verwendung: Wegen des Ulmensterbens wird die Feld-Rüster heute nur noch selten verwendet.

Abteilung 4: Gehölze mit eiförmigen und verkehrt eiförmigen Blättern

Vaccinium vitis-idaea (Preiselbeere, Kronsbeere)

Beschreibung: Vaccinium vitis-idaea, die Preiselbeere, ist ein Zwerg-Strauch mit bogig überhängenden bis kriechenden Zweigen und erreicht eine Höhe von ca. 10 bis 30 cm. Die immergrünen Blätter sind eiförmig, oberseits mattdunkelgrün und unterseits etwas heller gefärbt. Sie erreichen eine Größe von 1 bis 2 cm. Die weißlichrosa Blüten erscheinen Anfang bis Ende Mai, woraus sich Anfang September bis Ende Oktober rötlichbraune, essbare, schmackhafte Früchte entwickeln.
Standort: Die Preiselbeere ist ein Flachwurzler. Sie braucht frischen bis feuchten, humosen und extrem sauren bis schwach sauren Boden. Der Standort sollte sonnig bis halbschattig sein.
Verwendung: Verwendet wird Vaccinium vitis-idaea im Siedlungsbereich hauptsächlich als immergrüner Bodendecker, in Heidepflanzungen als Zierpflanze und auch als wilde Obstpflanze.

ABTEILUNG 5

Gehölze mit länglich eiförmigen bis lanzettlichen und eiförmigen bis lanzettlichen Blättern

Carpinus betulus (Hainbuche, Weißbuche): S. 109

Ceanothus thyrsiflorus (Säckelblume): S. 110

Exochorda racemosa (Prachtspiere, Chinesische Radspiere, Sparrige Prunkspiere): S. 111

Forsythia x intermedia (Forsythie, Goldglöckchen): S. 112

Ilex x meserveae 'Blue Princess' (Reichfruchtende Stechpalme): S. 113

Kerria japonica (gefüllter Ranunkelstrauch, gefüllte Goldkerrie): S. 114

Paulownia tomentosa (Paulownie, Blauglockenbaum, Kaiser-Paulownie): S. 115

Viburnum rhytidophyllum (Runzelblättriger Schneeball): S. 116

Carpinus betulus (Hainbuche, Weißbuche)

Beschreibung: Carpinus betulus ist ein Baum mit 15 bis 25 m Wuchshöhe; die Krone ist dicht, rundlich und hochgewölbt. Die Hainbuche wächst oft mehrstämmig mit gedrehtem Stamm. Die Blätter sind 5 bis 10 cm lang, länglich eiförmig und zugespitzt. Die Herbstfärbung ist gelb. Die Hainbuche blüht einhäusig in Form von unscheinbaren Kätzchen im Mai. Bei den Früchten handelt es sich um Nüsschen, die in dreilappigen Fruchthüllen eingeschlossen sind.
Standort: Carpinus betulus ist ein Herzwurzler mit hohem Feinwurzelanteil. Sie braucht frische, kalk- und humushaltige Böden auf sonnigen bis schattigen Standorten. Sie ist absolut frosthart, extrem schnittverträglich, aber sehr empfindlich gegenüber Staunässe.
Verwendung: Im Siedlungsbereich ist die Hainbuche ein klassisches Hecken- und Formgehölz; in der Landschaft benutzt man sie für Aufpflanzungen, in Knicks (Windschutz) und als Straßenbegleitgrün.

Ceanothus thyrsiflorus
(Säckelblume)

Beschreibung: Ceanothus thyrsiflorus gehört bei einer Größe von 1 bis max. 3 m zu den Kleinsträuchern bis Sträuchern. Ihr Wuchs ist locker aufrecht mit dünnen Trieben, die aus der Basis entspringen. Die Blätter sind bis zu 8 cm lang, länglich eiförmig und gesägt. Die leuchtend blauen Blüten erscheinen zwischen Juli und Oktober in bis zu 10 cm langen Rispen am einjährigen Holz.
Standort: Die Säckelblume bevorzugt kultivierte Gartenböden auf sonnigen und geschützten Standorten. Sie ist nur bedingt frosthart und braucht deshalb jährliche Rückschnitte im Frühjahr.
Verwendung: In Gärten wird Ceanothus thyrsiflorus als Zierstrauch eingesetzt, zusammen mit anderen Zwerggehölzen, Rosen und Stauden.

Exochorda racemosa
(Prachtspiere, Chinesische Radspiere, Sparrige Prunkspiere)

Beschreibung: Exochorda racemosa gehört mit 3 bis 4 m Wuchshöhe zu den Sträuchern bis Groß-Sträuchern. Sie wächst aufrecht, dicht verzweigt mit überhängenden Triebspitzen. Die 3 bis 8 cm langen, länglich eiförmigen Blätter sind unterseits etwas dunkler grün gefärbt als auf der Oberseite. Die weißen Blüten erscheinen sehr zahlreich im Mai in 6 bis 10 cm langen Trauben an langen Stielen.
Standort: Das Wurzelsystem von Exochorda racemosa kann flach oder auch tief ausgeprägt sein. Sie braucht sandig-humose Gartenböden mit sauren bis neutralen pH-Werten. Der Standort sollte sonnig bis halbschattig sein.
Verwendung: Benutzt wird die Prachtspiere im Siedlungsbereich hauptsächlich als Ziergehölz in Einzel- oder Gruppenstellung, in Blütenhecken sowie in Kübeln, Trögen und anderen Pflanzgefäßen.

> Abteilung 5: Gehölze mit länglich eiförmigen bis lanzettlichen u. eif. bis lanz. Blättern

Forsythia x intermedia
(Forsythie, Goldglöckchen)

Beschreibung: Forsythia x intermedia ist ein 2 bis 3 m hoher Strauch, der breit aufrecht und im Alter dicht verzweigt und überhängend wächst. Die Blätter sind 8 bis 10 cm lang, hellgrün gefärbt und länglich eiförmig bis lanzettlich geformt. Die zahlreichen goldgelben Blüten erscheinen im März und April dicht gedrängt am mehrjährigen Holz.
Standort: Die Forsythie ist ein Flachwurzler mit fleischigen Wurzeln. Sie hat keine besonderen Ansprüche an den Boden und wächst auf allen Gartenböden mit pH-Werten zwischen mäßig sauer bis alkalisch. Staunässe und Bodenverdichtung verträgt sie nicht so gut; sie bevorzugt frische Standorte in sonniger bis halbschattiger Lage.
Verwendung: Verwendet wird die Forsythie im Siedlungsbereich als Ziergehölz sowie für geschnittene als auch ungeschnittene Hecken. In Gärten wird die Forsythie häufig auch als Solitärgehölz eingesetzt.

Ilex x meserveae 'Blue Princess'
(Reichfruchtende Stechpalme)

Beschreibung: Ilex x meserveae 'Blue Princess', die Reichfruchtende Stechpalme, ist ein Klein-Strauch bis Strauch und wächst kompakt und breitbuschig. Sie erreicht im Alter eine Höhe von etwas mehr als 2 m. Ihre eiförmigen bis lanzettlichen Blätter sind immergrün, auf der Oberseite dunkelgrün glänzend und unterseits matthellgrün gefärbt. Sie sind schwach gewellt und grob gezähnt. Die zweihäusigen Blüten erscheinen ab Mai in Form von kleinen, weißen, unauffälligen Glöckchen.
Standort: Die Reichfruchtende Stechpalme ist ein Flachwurzler. Sie benötigt frische bis feuchte, sandige bis humose Böden mit sauren bis neutralen pH-Werten. Die Standorte sollten sonnig bis halbschattig sein.
Verwendung: Im Siedlungsbereich wird Ilex x meserveae 'Blue Princess' zur Einzel- und Gruppenstellung, zur Unterpflanzung von größeren Gehölzen sowie auf Friedhöfen benutzt.

Kerria japonica 'Pleniflora'
(gefüllter Ranunkelstrauch, gefüllte Goldkerrie)

Beschreibung: Kerria japonica 'Pleniflora' ist ein Strauch von bis zu 2 m Höhe, der vieltriebig, aufrecht und mit dünnen, rutenförmigen Zweigen aus der Basis wächst. Die Blätter sind eiförmig bis eilänglich, doppelt gesägt und frischgrün. Die im Mai und Juni erscheinenden goldgelben, ca. 3 cm großen Blüten sind gefüllt und polysymmetrisch aufgebaut; sie hängen einzeln oder zu mehreren zusammen.
Standort: Der gefüllte Ranunkelstrauch wurzelt flach mit treibenden Ausläufern. Er ist frostempfindlich, treibt aber im Frühjahr in der Regel immer wieder aus.
Verwendung: Kerria japonica 'Pleniflora' findet Verwendung im Siedlungsbereich und in Gärten als Zierstrauch (Blütenstrauch), einzeln oder in Gruppen gestellt.

Abteilung 5: Gehölze mit länglich eiförmigen bis lanzettlichen u. eif. bis lanz. Blättern

Paulownia tomentosa
(Paulownie, Blauglockenbaum, Kaiser-Paulownie)

Beschreibung: Paulownia tomentosa ist ein 12 bis 15 m hoher Baum mit einer breit gewölbten, locker aufgebauten Krone. Die 17 bis 50 cm langen, eiförmigen bis lanzettlichen Blätter sind oberseits grün gefärbt und haben unterseits ein grau-filziges Aussehen. Die im April bis Mai erscheinenden hellvioletten Blüten stehen aufrecht, rispenartig zusammen und können eine Größe von bis zu 30 cm erreichen. Die Früchte, etwa 3 cm lange eiförmige Kapseln, haben eine graue bis braune Farbe.
Standort: Paulownia tomentosa wurzelt tief und benötigt durchlässige, nahrhafte Böden mit neutralen bis stark alkalischen pH-Werten. Der Standort sollte warm, geschützt und sonnig sein, da der Blauglockenbaum nur mäßig winterhart ist.
Verwendung: Paulownia tomentosa wird im Siedlungsbereich, in öffentlichen Grünanlagen und privaten Gärten als Solitärpflanze verwendet.

Viburnum rhytidophyllum (Runzelblättriger Schneeball)

Beschreibung: Viburnum rhytidophyllum ist ein Groß-Strauch, der dicht verzweigt mit bogig überhängenden Zweigen wächst. Er erreicht im Alter eine Höhe von 3 bis 4 m. Die immergrünen Blätter sind 8 bis 20 cm lang, haben eine länglich eiförmige Ausprägung und sind oberseits glänzend dunkelgrün mit einer runzeligen Oberfläche. Die Blattunterseite ist auffallend braun-filzig behaart. Die weißen Blüten stehen von Mai bis Juni in 10 bis 20 cm großen, flachen Dolden zusammen.
Standort: Das Wurzelsystem des Runzelblättrigen Schneeballs ist flach. Er braucht frische, humose, schwach saure Gartenerden; der Standort sollte halbschattig sein.
Verwendung: Im Siedlungsbereich wird Viburnum rhytidophyllum einzeln oder in Gruppen als Zierstrauch verwendet.

ABTEILUNG 6

Gehölze mit breit eiförmigen und eiförmigen bis runden Blättern

Alnus glutinosa (Rot-Erle, Schwarz-Erle): S. 119

Alnus incana 'Aurea' (Gold-Erle 'Aurea'): S. 120

Corylus colurna (Baum-Hasel, Türkischer Baum-Hasel): S. 121

Cotoneaster dielsianus (Graue Strauchmispel): S. 122

Fallopia baldschuanica (Bucharischer Knöterich, Schlingknöterich, Kletter-Knöterich): S. 123

Hamamelis japonica (Japanische Zaubernuss): S. 124

Abteilung 6: Gehölze mit breit eiförmigen und eiförmigen bis runden Blättern

Hamamelis mollis
(Lichtmess-Zaubernuss):
S. 125

Hamamelis x intermedia 'Westerstede'
(Zaubernuss 'Westerstede'): S. 126

Kolkwitzia amabilis (Perlmuttstrauch, Kolkwitzie): S. 127

Lonicera caprifolium
(Jelängerjelieber, Wohlriechendes Geißblatt): S. 128

Alnus glutinosa (Rot-Erle, Schwarz-Erle)

Beschreibung: Alnus glutinosa, die Schwarz-Erle, ist ein Groß-Baum mit einer Wuchshöhe von max. 30 m. Sie hat eine kegelförmige Krone und in der Regel einen durchgehenden Stamm. Die Blätter sind breit eiförmig und dunkelgrün glänzend. Vor dem Blattaustrieb im März erscheinen auffällige braune, männliche Kätzchen; die weiblichen Kätzchen sind unscheinbar. Die Fruchtstände sind zapfenähnlich und verholzen.
Standort: Alnus glutinosa ist ein Herzwurzler mit weit streichenden, Stickstoff sammelnden Wurzeln (Knöllchenbakterien). Sie braucht nasse bis feuchte Böden mit schwach sauren bis neutralen pH-Werten. Sie verträgt Überschwemmungen und Einschüttungen, meidet aber Kalk. Der Standort sollte sonnig bis halbschattig sein.
Verwendung: Verwendet wird Alnus glutinosa in der Landschaft als Pioniergehölz, zur Boden- und Uferbefestigung, in Schutzpflanzungen, Knicks und Windschutzhecken.

Abteilung 6: Gehölze mit breit eiförmigen und eiförmigen bis runden Blättern

Alnus incana 'Aurea' (Gold-Erle 'Aurea')

Beschreibung: Alnus incana 'Aurea' ist ein Klein-Baum mit kegelförmiger Krone, die meist mehrstämmig aufgebaut ist. Die Gold-Erle erreicht eine Höhe von 8 bis 10 m. Die Blätter sind eirund, im Austrieb gelb und später gelblichgrün. Vor dem Blattaustrieb, im März bis April, erscheinen gelbe, männliche Kätzchen; die weiblichen Kätzchen sind unscheinbar. Die Fruchtstände sind zapfenähnlich und verholzen.
Standort: Alnus incana 'Aurea' ist ein Flachwurzler mit weit streichenden, Stickstoff sammelnden Wurzeln (Knöllchenbakterien). Sie braucht kalkhaltige, nasse bis feuchte Böden mit schwach sauren bis neutralen pH-Werten. Der Standort sollte sonnig bis halbschattig sein. Die Gold-Erle 'Aurea' ist salzverträglich und windfest.
Verwendung: Verwendet wird Alnus incana 'Aurea' in der Landschaft als Pioniergehölz, zur Boden- und Uferbefestigung, in Schutzpflanzungen, Knicks und Windschutzhecken. Im Siedlungsbereich benutzt man sie als Solitärgehölz sowie einzeln und in Gruppen an Bach- und Teichrändern.

Abteilung 6: Gehölze mit breit eiförmigen und eiförmigen bis runden Blättern

Corylus colurna (Baum-Hasel, Türkischer Baum-Hasel)

Beschreibung: Corylus colurna, der Baum-Hasel, gehört bei einer Wuchshöhe von 12 bis 20 m zur Gruppe der Bäume. Er wächst regelmäßig kegelförmig mit geradem, durchgehendem Stamm. Die Blätter sind 8 bis 12 cm lang, breit eiförmig und dunkelgrün gefärbt; die Herbstfärbung ist gelb. Die Blütezeit (gelbe, männliche Kätzchen) liegt zwischen Anfang Februar und Ende März. Corylus colurna blüht einhäusig, seine Kätzchen werden bis zu 12 cm lang und stehen in Büscheln zusammen. Im September reifen die Nüsse; sie sind weiß bis braun gefärbt, rund bis eiförmig und ca. 2 cm groß.
Standort: Das Wurzelsystem von Corylus colurna ist herzförmig. Er bevorzugt frische, tiefgründige Böden auf sonnigen Standorten, wächst aber auch auf trockenen Standorten, da er extrem trockenheitsresistent ist.
Verwendung: Im Siedlungsbereich sowie in der Landschaft wird der Baum-Hasel als Solitär- und Gruppengehölz eingesetzt. Da er Stadtklima gut verträgt, ist er auch als Straßenbaum sehr gut geeignet.

Abteilung 6: Gehölze mit breit eiförmigen und eiförmigen bis runden Blättern

Cotoneaster dielsianus
(Graue Strauchmispel)

Beschreibung: Cotoneaster dielsianus, die Graue Strauchmispel, ist ein Strauch von 1,5 bis 2 m Wuchshöhe. Sie wächst breit aufrecht und locker verzweigt mit bogig überhängenden Zweigen. Die Blätter sind eiförmig bis kreisrund, 1 bis 1,5 cm lang, oberseits dunkelgrün gefärbt und unterseits von gelb-filzigem Aussehen. Die Herbstfärbung ist rötlichgelb. Cotoneaster dielsianus blüht mit kleinen, rosafarbenen Blüten im Juni. Sie sitzen in Doldentrauben zusammen. Die scharlachroten Beeren sind etwa erbsengroß und reifen im August.
Standort: Die Graue Strauchmispel ist ein Flachwurzler. An den Standort hat sie keine besonderen Ansprüche. Sie ist mit normalen Gartenböden zufrieden und braucht sonnige bis halbschattige Standorte. Zu beachten ist, dass sie feuerbrandgefährdet ist!
Verwendung: Man nutzt Cotoneaster dielsianus zur Gruppen- und Reihenpflanzung und als Strauch- und Blütenhecke. Darüber hinaus wird sie in der Landschaft vor allem als Wind- und Vogelschutzgehölz sowie auch als Bienenweide eingesetzt.

Fallopia baldschuanica
(Bucharischer Knöterich, Schlingknöterich, Kletter-Knöterich)

Beschreibung: Fallopia baldschuanica ist eine außerordentlich schnell wachsende Schlingpflanze. Der Bucharische Knöterich erreicht eine Höhe von 8 bis 15 m. Die sommergrünen Blätter sind eiförmig bis breit eiförmig, dunkelgrün gefärbt, bis zu 10 cm lang und gezähnt. Die weißen, 5 bis 8 mm großen Trichterblüten stehen in Rispen zusammen. Sie blühen von Juli bis Oktober und verfärben sich im Alter rosafarben. Bei der Frucht handelt es sich um eine Nuss; sie ist klein, kantig, blassrosa gefärbt und steckt in einer Blütenhülle.
Standort: Der Bucharische Knöterich braucht sandig-lehmige, frische bis feuchte und mäßig nährstoffreiche Böden. Der pH-Wert kann zwischen sauer und alkalisch liegen, der Standort sollte sonnig bis halbschattig sein.
Verwendung: Im Siedlungsbereich verwendet man den Kletter-Knöterich zur Begrünung von großen Objekten.
Hinweis: Fallopia baldschuanica ist anspruchslos, frosthart, stadtklimafest und gut hitzeverträglich. Regelmäßiger Rückschnitt (alle 2 bis 3 Jahre) ist notwendig.

Hamamelis japonica (Japanische Zaubernuss)

Beschreibung: Hamamelis japonica ist ein aufrecht, trichterförmig wachsender Groß-Strauch mit einer Wuchshöhe von 3 bis 4 m. Die Blätter sind breit eiförmig und werden bis 10 cm lang. Sie sind auf der Oberseite grün und unterseits hellgrün gefärbt. Im Herbst färben sich die Blätter leuchtend gelb. Die Japanische Zaubernuss blüht (je nach Witterung) zwischen Februar und April. Die Blüten sind gelb, haben einen Durchmesser von etwa 3 cm und stehen achselständig in Büscheln zusammen.
Standort: Das Wurzelsystem von Hamamelis japonica kann tief oder flach ausgeprägt sein. Der Boden sollte frisch und tiefgründig sein mit neutralen bis schwach sauren pH-Werten. Der Lichtbedarf von Hamamelis japonica reicht von halbschattig bis schattig.
Verwendung: In Gärten sowie im Siedlungsbereich benutzt man die Japanische Zaubernuss vor allem als Soitärgehölz (Blütengehölz).

Abteilung 6: Gehölze mit breit eiförmigen und eiförmigen bis runden Blättern

Hamamelis mollis (Lichtmess-Zaubernuss)

Beschreibung: Hamamelis mollis ist ein locker verzweigter, 3 bis 5 m hoch wachsender Groß-Strauch. Die Blätter sind eiförmig bis rundlich und werden bis 12 cm lang. Sie sind auf der Oberseite dunkelgrün glänzend; die Unterseite ist filzig behaart. Im Herbst färben sich die Blätter goldgelb. Die Lichtmess-Zaubernuss blüht (je nach Witterung) zwischen Januar und März. Die Blüten sind goldgelb mit einer Purpurfärbung im Inneren des Blütenkelchs.
Standort: Das Wurzelsystem von Hamamelis mollis kann tief oder flach ausgeprägt sein. Der Boden sollte frisch und tiefgründig sein mit schwach sauren bis neutralen pH-Werten. Der Lichtbedarf von Hamamelis mollis reicht von sonnig bis halbschattig.
Verwendung: In Gärten sowie im Siedlungsbereich benutzt man die Lichtmess-Zaubernuss vor allem als Solitärgehölz (Blütengehölz).

Hamamelis x intermedia 'Westerstede'
(Zaubernuss 'Westerstede')

Beschreibung: Hamamelis x intermedia 'Westerstede' ist ein 3 bis 4 m hoch wachsender Groß-Strauch, der breit bis eiförmig wächst. Die ca. 10 cm langen, breit eiförmigen Blätter sind oberseits grün, unterseits haben sie eine hellgrüne Färbung. Die Herbstfärbung ist leuchtend gelb. Die Hamamelis-Hybriden blühen von Januar bis März in den Farben Rot, Orange und Gelb. Die Sorte 'Westerstede' blüht mit hellgelber Farbe; innen im Kelch ist die Blüte rotbraun gefärbt.

Standort: Die Zaubernuss 'Westerstede' wurzelt, je nach Bodenverhältnissen, tief oder auch flach. Sie bevorzugt durchlässige und tiefgründige Böden mit neutralen bis schwach sauren pH-Werten auf halbschattigen bis schattigen Standorten. Sie wächst träge und blüht erst nach 3 bis 5 Jahren.

Verwendung: Hamamelis x intermedia 'Westerstede' wird in öffentlichen Anlagen und in Hausgärten als Solitärstrauch (Blütengehölz) und in Gruppenpflanzungen eingesetzt.

Kolkwitzia amabilis
(Perlmuttstrauch, Kolkwitzie)

Beschreibung: Kolkwitzia amabilis ist ein breit aufrecht wachsender Strauch, der eine Höhe von 2 bis 3 m erreicht; im Alter wächst er stark überhängend. Die 7 cm großen, breit eiförmigen Blätter sitzen gegenständig an den Ästen und Zweigen, sind stumpfgrün gefärbt und behaart. Die im Mai und Juni erscheinenden glockenförmigen Blüten sind rosa gefärbt und hängen endständig in Doldentrauben zusammen, die bis zu 8 cm groß sein können.
Standort: Der Perlmuttstrauch wurzelt flach und weit ausgebreitet. Er braucht normale Gartenböden, ist frosthart und blüht auch im lichten Schatten.
Verwendung: Verwendet wird Kolkwitzia amabilis im Siedlungsbereich, in öffentlichen Grünanlagen und in Hausgärten als Zierstrauch in Einzel- und Gruppenstellung.

Abteilung 6: Gehölze mit breit eiförmigen und eiförmigen bis runden Blättern

Lonicera caprifolium
(Jelängerjelieber, Wohlriechendes Geißblatt)

Beschreibung: Lonicera caprifolium ist ein Schlinger. Stark windend und wüchsig erreicht das Wohlriechende Geißblatt eine Höhe von 3 bis 6 m (in Ausnahmefällen bis zu 10 m). Die sommergrünen Blätter sind oberseits dunkelgrün, unterseits sind sie blaugrün gefärbt. Sie werden bis 10 cm lang und haben eine eirunde bis breit tellerförmige Ausprägung. Die weißen bis gelben, röhrenförmigen Blüten stehen achselständig zu dritt an den Zweigenden zusammen. Sie werden 4 bis 5 cm lang und duften sehr stark. Die Blütezeit reicht von Mai bis Juni. Im Herbst reifen orangerote Beeren heran; sie sind schwach giftig!

Standort: Das Wohlriechende Geißblatt braucht humose, mäßig trockene bis feuchte, alkalische bis neutrale Böden; der Standort sollte im lichten Schatten bis Halbschatten liegen.

Verwendung: Im Siedlungsbereich verwendet man Jelängerjelieber zur Begrünung von Mauern, Lauben, Pergolen und Zäunen sowie zur Unterpflanzung von größeren Gehölzen. Hinweis: Lonicera caprifolium ist ein Vogelnährgehölz und wird deshalb auch gerne zwischen Feldgehölzen gepflanzt und als Heckenpflanze eingesetzt.

ABTEILUNG 7

Gehölze mit eiförmigen bis elliptischen und länglich eiförmigen bis elliptischen Blättern

Cotinus coggygria (Grüner Perückenstrauch, Perückenstrauch): S. 131

Cotinus coggygria 'Rubra' (Roter Perückenstrauch): S. 132

Hydrangea aspera (Raue Hortensie, Fell-Hortensie): S. 133

Hydrangea macrophylla (Garten-Hortensie): S. 134

Malus-Hybride 'Wintergold' (Zierapfel 'Wintergold'): S. 135

Abteilung 7: Gehölze mit eiförmigen bis elliptischen u. länglich eif. bis ellip. Blättern

Symphoricarpos x doorenbosii 'Amethyst' (Perlmuttbeere): S. 136

Viburnum plicatum 'Mariesii' (Japanischer Etagen-Schneeball, Breitwachsender Schneeball): S. 137

Weigela florida (Weigelie, Hoher Glockenstrauch): S. 138

Abteilung 7: Gehölze mit eiförmigen bis elliptischen u. länglich eif. bis ellip. Blättern

Cotinus coggygria
(Grüner Perückenstrauch, Perückenstrauch)

Beschreibung: Cotinus coggygria gehört mit 3 bis 5 m Wuchshöhe zu den Mittel- bis Groß-Sträuchern. Die lebhaft grünen Blätter sind eiförmig bis elliptisch geformt; im Herbst sind sie orange bis rot gefärbt. Die Blüten bilden von Anfang Juni bis Ende Juli 15 bis 20 cm lange Rispen und sind grüngelb gefärbt. Ende August bis Anfang Oktober reifen die Steinfrüchte, die ebenfalls in 15 bis 20 cm langen Rispen angeordnet sind, perückenähnlich aussehen und dadurch sehr dekorativ wirken.
Standort: Der Perückenstrauch ist ein Flach-Wurzler; er braucht nahrhafte, kalkhaltige Böden in sonnigen und geschützten Lagen. Er ist trockenheitsresistent und ansonsten anspruchlos.
Verwendung: In Gärten wird Cotinus coggygria vor allem als Zierstrauch in Einzelstellung gepflanzt.

Abteilung 7: Gehölze mit eiförmigen bis elliptischen u. länglich eif. bis ellip. Blättern

Cotinus coggygria 'Rubra' (Roter Perückenstrauch)

Beschreibung: Cotinus coggygria 'Rubra', der Rote Perückenstrauch, hat rote Blätter, hellrotbraune Fruchtstände und eine gelbgraue Rinde; die Rinde der jungen Zweige ist gelblichrot bis hellrot gefäbt. In allen anderen Eigenschaften entspricht er dem Grünen Perückenstrauch (s. dort).

Hydrangea aspera (Raue Hortensie, Fell-Hortensie)

Beschreibung: Hydrangea aspera ist ein steif aufrecht wachsender Strauch, der starktriebig, sparsam verzweigt eine Höhe von 2 bis 4 m erreicht. Die bis zu 30 cm langen, eiförmig bis oval geformten Blätter sind oberseits dunkelgrün, kahl oder leicht behaart und unterseits dicht grauhaarig. Die im Juli erscheinenden Blüten stehen in flachen Doldenrispen zusammen und haben einen Durchmesser von bis zu 30 cm. Die weißen bis rosafarbenen Randblüten sind steril (unfruchtbar), die blasslila Innenblüten fertil (fruchtbar).
Standort: Die Raue Hortensie wurzelt kräftig, flach und tief. Sie braucht feuchten, nahrhaften, humosen und sauren Gartenboden in windgeschützten Lagen, möglichst im Halbschatten.
Verwendung: Verwendet wird Hydrangea aspera im Siedlungsbereich als Solitär- und Gruppengehölz, im Hausgarten und an Terrassen meist als Zierstrauch in Einzelstellung.

Hydrangea macrophylla (Garten-Hortensie)

Beschreibung: Hydrangea macrophylla ist ein aufrecht wachsender Strauch mit dicken, wenig verzweigten Grundtrieben und locker ausgebreiteten Seitentrieben; sie wird 1 bis 3 m hoch. Die 8 bis 20 cm langen, eiförmigen bis elliptischen Blätter sind beidseitig weich behaart. Beide Blattseiten sind grün gefärbt. Die im Juni bis September erscheinenden Blüten sind 15 bis 20 cm große, ballförmige Doldenrispen. Die Farbe kann je nach Sorte und Standort stark variieren.
Standort: Die Garten-Hortensie wurzelt kräftig und, je nach Bodengründigkeit, sowohl flach als auch tief. Sie benötigt feuchte, nahrhafte, humose und saure Gartenböden in windgeschützten Lagen, die möglichst im Halbschatten liegen sollten.
Verwendung: Verwendung findet Hydrangea macrophylla im Siedlungsbereich in Parks und in Hausgärten vor allem zur Unterpflanzung von Gehölzen, zur Einzelstellung in Rabatten, vor Mauern sowie in Trögen und Kübeln.

Abteilung 7: Gehölze mit eiförmigen bis elliptischen u. länglich eif. bis ellip. Blättern

Malus-Hybride 'Wintergold' (Zierapfel 'Wintergold')

Beschreibung: Malus-Hybride 'Wintergold' ist ein 4 bis 6 m hoch wachsender Groß-Strauch bis Klein-Baum mit aufrechtem, im Alter überhängendem Wuchs. Die oberseits glänzend grünen, 4 bis 12 cm langen Blätter sind eiförmig bis elliptisch geformt. Die weißen bis zartrosa Blüten erscheinen im April bis Mai. Von besonderem Zierwert sind die gelblichgrünen bis goldgelben Früchte.

Standort: An den Boden stellt der Zierapfel 'Wintergold' keine besonderen Ansprüche; der pH-Wert sollte zwischen sauer bis schwach alkalisch liegen. Der Standort sollte sonnig bis leicht schattig sein.

Verwendung: In Gärten verwendet man den Zierapfel 'Wintergold' hauptsächlich als Solitärgehölz; in der Landschaft wird er als Bienen- und Vogelnährgehölz eingesetzt.

Symphoricarpos x doorenbosii 'Amethyst'
(Perlmuttbeere)

Beschreibung: Symphoricarpos x doorenbosii 'Amethyst' ist ein 1 bis 1,5 m hoch wachsender Strauch mit locker aufrecht wachsender und leicht überhängender Krone. Die dunkelgrünen Blätter sind eiförmig bis elliptisch geformt, die rosa Blüten stehen im Juni in Ähren zusammen.
Standort: Die Perlmuttbeere stellt an den Boden keine besonderen Ansprüche. Der Standort sollte sonnig bis halbschattig sein.
Verwendung: Im Siedlungsbereich wird Symphoricarpos x doorenbosii 'Amethyst' zur Gruppen- und Flächenbepflanzung und als niedrige Hecke eingesetzt.

Abteilung 7: Gehölze mit eiförmigen bis elliptischen u. länglich eif. bis ellip. Blättern

Viburnum plicatum 'Mariesii'
(Japanischer Etagen-Schneeball, Breitwachsender Schneeball)

Beschreibung: Viburnum plicatum 'Mariesii' ist ein Strauch von 1,5 bis 2 m Höhe mit locker aufrechtem und breit ausladendem Wuchs. Die eiförmigen bis elliptischen, 4 bis 10 cm langen, dunkelgrünen Blätter verfärben sich im Herbst dunkelrot bis braunviolett. Die weißen Blüten stehen Anfang Mai bis Ende Juni in bis zu 15 cm großen Dolden zusammen.

Standort: Der Japanische Etagen-Schneeball ist ein Flachwurzler. Er braucht frische, humose und schwach saure Gartenerden; er ist empfindlich gegenüber Staunässe und Bodenverdichtung. Der Standort sollte halbschattig sein.

Verwendung: Im Siedlungsbereich verwendet man Viburnum plicatum 'Mariesii' als Zierstrauch in Einzelstellung oder Gruppenpflanzung.

Weigela florida (Weigelie, Hoher Glockenstrauch)

Beschreibung: Weigela florida ist ein 2 bis 3 m hoch wachsender Strauch, der im Alter breit überhängend wächst. Die Blätter sind länglich eiförmig bis elliptisch geformt und werden 5 bis 10 cm lang. Die etwa 3 cm langen, glockenförmigen, rosafarbenen Blüten hängen in Büscheln am mehrjährigen Holz.
Standort: Das Wurzelsystem von Weigela florida ist flach und breit streichend. Der Hohe Glockenstrauch braucht nährstoffreiche und durchlässige Böden auf sonnigen bis halbschattigen Standorten.
Verwendung: In Gärten wird Weigela florida als Zierstrauch (Blütenstrauch) vornehmlich in Einzelstellung verwendet.

ABTEILUNG 8

Gehölze mit lanzettlichen Blättern

Araucaria araucana (Andentanne, Schmucktanne, Chilenische Schmucktanne): S. 143

Buddleja alternifolia (Sommerflieder, Buddleie): S. 144

Buddleja davidii (Schmetterlingsstrauch, Buddleie): S. 145

Buddleja davidii 'Black Knight' (Schmetterlingsstrauch 'Black Knight'): S. 146

Calycanthus floridus (Echter Gewürzstrauch): S. 147

Castanea sativa (Edel-Kastanie, Ess-Kastanie, Marone): S. 148

Cornus florida f. rubra (Roter Blüten-Hartriegel): S. 149

Abteilung 8: Gehölze mit lanzettlichen Blättern

Cotoneaster bullatus (Großblättrige Strauchmispel, Runzelige Steinmispel): S. 150

Cotoneaster salicifolius var. floccosus (Immergrüne Strauchmispel, Weidenblättrige Hängemispel): S. 151

Deutzia scabra 'Plena' (Rosa Gefüllte Deutzie): S. 152

Hippophae rhamnoides (Sanddorn): S. 153

Hypericum 'Hidcote' (Großblumiges Johanniskraut, Großblumiger Johannisstrauch): S. 154

Lavandula angustifolia (Lavendel): S. 155

Abteilung 8: Gehölze mit lanzettlichen Blättern

Lonicera henryi (Immergrünes Geißblatt, Immergrüne Geißschlinge, Henrys Geißblatt): S. 156

Mespilus germanica (Echte Mispel, Mispel): S. 157

Pieris japonica (Hängendes Schattenglöckchen, Japanische Lavendelheide, Japanischer Weißglockenstrauch): S. 158

Pieris japonica 'Little Heath' (Japanische Lavendelheide, Japanischer Weißglockenstrauch, Hängendes Schattenglöckchen): S. 159

Pieris japonica 'Red Mill' (Hängendes Schattenglöckchen, Japanische Lavendelheide, Japanischer Weißglockenstrauch): 160

Prunus serrula (Mahagoni-Kirsche, Tibetanische Kirsche): S. 161

Prunus spinosa (Schlehe, Schwarzdorn): 162

Prunus tenella (Zwerg-Mandel): S. 163

Abteilung 8: Gehölze mit lanzettlichen Blättern

Salix alba (Silber-Weide, Weiß-Weide): S. 164

Salix alba 'Tristis' (Hänge-Weide, Trauer-Weide): S. 165

Salix melanostachys [Salix gracilistyla var. melanostachys] (Schwarzkätzchen-Weide): S. 166

Spiraea japonica 'Albiflora' (Weißblütiger Spierstrauch): 167

Spiraea japonica 'Little Princess' (Rosa Zwerg-Spiere, Japan-Spiere): S. 168

Spiraea x bumalda 'Goldflamme' (Rote Sommer-Spiere, Niedriger Spierstrauch): 169

Tamarix parviflora (Tamariske, Frühlings-Tamariske): 170

Abteilung 8: Gehölze mit lanzettlichen Blättern

Araucaria araucana
(Andentanne, Schmucktanne, Chilenische Schmucktanne)

Beschreibung: Araucaria araucana, die Anden- bzw. Schmucktanne, ist in ihrer Heimat ein Großbaum mit einer Wuchshöhe von 30 bis 35 m (in Europa bleibt sie wesentlich kleiner, ca. 5 bis 10 m). Sie wächst kegel- bis schirmförmig mit durchgehendem Stamm. Die immergrünen Blätter sind lanzettlich geformt, 3 bis 5 cm lang und dunkelgrün gefärbt. Die Schmucktanne blüht zweihäusig; die Blüten sind grünlich gefärbt. Die hellbraunen, essbaren Samen erreichen eine Größe von ca. 8 cm und haben ein länglich eiförmiges Aussehen.
Standort: Araucaria araucana ist ein Tiefwurzler mit fleischigen, weit reichenden Wurzeln. Sie braucht durchlässige, nährstoffreiche, sandig-kiesige, humose Böden mit wenig Lehmanteil und sauren bis neutralen pH-Werten. Der Standort sollte sonnig und warm sein. Jüngere Exemplare brauchen Frostschutz; ältere Pflanzen sind nur noch mäßig frostempfindlich. Die Andentanne ist hitzeverträglich, windfest und stadtklimaverträglich.
Verwendung: Araucaria araucana ist eine Liebhaberpflanze mit sehr hohen Ansprüchen. Sie wird als Kübelpflanze kultiviert und in wintermilden Lagen in geschützten Gärten als Solitärgehölz gehalten.

Abteilung 8: Gehölze mit lanzettlichen Blättern

Buddleja alternifolia (Sommerflieder, Buddleie)

Beschreibung: Buddleja alternifolia, der Sommerflieder, ist ein 3 bis 4 m hoher Groß-Strauch, der breitbuschig mit überhängenden Trieben wächst. Die Blätter sind von schmallanzettlicher Form, auf der Oberseite stumpfgrün und unterseits silbrigweiß gefärbt. Die Blüten sitzen in Büscheln an den vorjährigen Trieben (kein Rückschnitt im Herbst!!!). Sie sind purpurfarben und duften stark; er blüht ausschließlich im Juni.
Standort: Der Sommerflieder ist ein Flachwurzler. Er gedeiht auf normalen Gartenböden und braucht geschützte, sonnige Standorte.
Verwendung: Im Siedlungsbereich wird Buddleja alternifolia als eindrucksvolles Solitärgehölz eingesetzt.

Abteilung 8: Gehölze mit lanzettlichen Blättern

Buddleja davidii (Schmetterlingsstrauch, Buddleie)

Beschreibung: Buddleja davidii ist ein 3 bis 5 m hoch wachsender Groß-Strauch; er wächst straff aufrecht mit meist nur wenigen geneigten Trieben. Die Blätter sind lanzettlich und werden ca. 10 cm lang. Die Blüten stehen in etwa 20 cm langen Rispen am diesjährigen Holz; sie duften stark und blühen von Juli bis zum ersten Frost.

Standort: Buddleja davidii ist ein Flachwurzler und braucht normale, kalkhaltige Gartenböden. Der Standort sollte geschützt und sonnig sein. Da der Schmetterlingsstrauch am einjährigen Holz blüht, sollte er nach dem Winter bis kurz über dem Boden zurückgeschnitten werden.

Verwendung: Benutzt wird der Schmetterlingsstrauch in Innenhöfen, Parks und anderen Grünanlagen als blühendes Solitärgehölz. Er ist besonders attraktiv, da er sehr stark von Schmetterlingen besucht wird. Der deutsche Name weist auf diese Eigenschaft hin.

Buddleja davidii 'Black Knight'
(Schmetterlingsstrauch 'Black Knight')

Beschreibung: Buddleja davidii 'Black Knight' ist eine Sorte der Buddleja davidii-Gruppe; er unterscheidet sich von Buddleja davidii lediglich in der Blütenfarbe, die, im Vergleich zu Buddleja davidii, etwas intensiver und dunkler violett ausgeprägt ist. Außerdem ist das untere Ende des Blütenkelchs intensiv orange gefärbt. Alle anderen Eigenschaften entsprechen denen von Buddleja davidii (s.dort).

Calycanthus floridus
(Echter Gewürzstrauch)

Beschreibung: Calycanthus floridus ist ein Strauch von 2 bis 4 m Wuchshöhe; er wächst aufrecht und buschig verzweigt. Die 5 bis 12 cm großen Blätter sind lanzettlich bis eiförmig und auf der Oberseite dunkelgrün, unterseits graugrün gefärbt. Die dunkelrotbraunen Blüten erreichen einen Durchmesser von ca. 5 cm und duften sehr stark.
Standort: Calycanthus floridus ist ein Flach-Wurzler. Er braucht schwach alkalische bis saure, frische bis feuchte Böden und sonnige bis halbschattige, geschützte Standorte, da er nur bedingt frosthart ist.
Verwendung: Im Siedlungsbereich und Parkanlagen wird der Echte Gewürzstrauch als Solitärgehölz und in Gruppen gepflanzt. In Hausgärten nutzt man ihn als exotischen Zierstrauch.

Abteilung 8: Gehölze mit lanzettlichen Blättern

Castanea sativa (Edel-Kastanie, Ess-Kastanie, Marone)

Beschreibung: Castanea sativa gehört zu den Groß-Bäumen mit breit ausladenden, oft schirmförmigen Kronen. Sie erreicht eine Höhe von bis zu 35 m. Die bis zu 20 cm langen Blätter sind länglich lanzettlich geformt und glänzend dunkelgrün gefärbt. Im Mai erscheinen bis zu 20 cm lange, gelbgrüne Ähren. Die braunen Nüsse stecken in grünen, bestachelten Kapseln. Sie reifen zwischen September und Oktober.
Standort: Die Ess-Kastanie ist ein Tiefwurzler. Sie braucht trockene bis frische, sandige bis lehmige Böden mit sauren bis neutralen pH-Werten.
Verwendung: Verwendet wird die Ess-Kastanie in großen Mischpflanzungen, als Straßen-, Dorf- und Hofbaum sowie als Solitärgehölz in Parkanlagen.

Cornus florida f. rubra (Roter Blüten-Hartriegel)

Beschreibung: Cornus florida f. rubra, der Rote Blüten-Hartriegel, ist ein Groß-Strauch mit einer Wuchshöhe von 4 bis 6 m. Er wächst breitbuschig verzweigt und kurzstämmig. Die Blätter sind lanzettlich bis eiförmig und erreichen eine Länge von 7 bis 15 cm, sie sind oberseits dunkelgrün und unterseits blaugrün gefärbt. Die Blüten werden von 4 bis 5 rosafarbenen Hochblättern gebildet, die eine Größe von 6 bis 10 cm erreichen. Sie blühen von Anfang Mai bis Ende Juni. Die rosaroten bis braunen, eiförmigen Steinfrüchte reifen zwischen September und Oktober und erreichen eine Größe von 1,5 bis 2 cm.

Standort: Der Rote Blüten-Hartriegel ist ein Flach- bis Herzwurzler mit einem weit reichenden, feinen Wurzelsystem. Er braucht einen frischen bis feuchten Boden mit mittleren bis hohen Humusgehalten und mittleren bis hohen Nährstoffgehalten mit schwach sauren bis schwach alkalischen pH-Werten. Die Lichtintensitäten können zwischen sonnig und halbschattig variieren. Er braucht einen geschützten Standort, da er nur mäßig winterhart und die Blüte spätfrostgefährdet ist.

Verwendung: Verwendet wird der Rote Blüten-Hartriegel besonders als dekoratives Solitärgehölz in wintermilden Lagen.

Cotoneaster bullatus
(Großblättrige Strauchmispel, Runzelige Steinmispel)

Beschreibung: Cotoneaster bullatus, die Großblättrige Strauchmispel, ist ein Strauch von 2 bis 4 m Wuchshöhe. Sie wächst breit ausladend und im Alter weit überhängend. Die dunkelgrünen, runzeligen Blätter sind lanzettlich bis eiförmig; die Herbstfärbung ist rot bis orange. Im Mai bis Juni erscheinen die rosaroten Blüten in Büscheln. Die kugeligen, hellroten Beeren reifen im August bis September.
Standort: Cotoneaster bullatus hat eine dicke, wenig verzweigte Hauptwurzel, die als Tief- oder auch als Flach-Wurzel ausgebildet sein kann. Sie wächst auf allen Gartenböden mit sandig-lehmigen bis lehmig-tonigen Substraten und Wassergehalten, die von trocken bis feucht reichen können. Der pH-Wert der Böden kann zwischen leicht sauer bis leicht alkalisch variieren und die Lichtverhältnisse zwischen sonnig bis halbschattig.
Verwendung: Zu beachten ist, dass die Großblättrige Strauchmispel feuerbrandgefährdet ist (Nähe zu Obstgehölzen meiden!). In Gärten wird sie als Blütenstrauch zur Einzelstellung und zur Kübelbepflanzung eingesetzt; in der Landschaft als Bienenweide sowie als Vogelschutz- und Fruchtgehölz.

Abteilung 8: Gehölze mit lanzettlichen Blättern

Cotoneaster salicifolius var. floccosus
(Immergrüne Strauchmispel, Weidenblättrige Hängemispel)

Beschreibung: Cotoneaster salicifolius var. floccosus ist ein Strauch bis Groß-Strauch mit mehrtriebigem, aufrechtem Wuchs und bogig überhängenden Zweigen. Die Wuchshöhe liegt zwischen 3 und 5 m. Die immergrünen, länglich lanzettlichen Blätter sind oberseits dunkelgrün gefärbt und runzelig und unterseits dichtfilzig behaart. Die weißen Blüten der Immergrünen Strauchmispel erscheinen in Doldenrispen im Juni. Die kugelförmigen, korallenroten Früchte reifen zwischen September und Oktober.
Standort: Die Immergrüne Strauchmispel gedeiht auf allen Gartenböden in geschützter Lage. Sie wurzelt tief oder auch flach. Der Standort kann sonnig bis halbschattig sein.
Verwendung: Cotoneaster salicifolius var. floccosus ist extrem feuerbrandgefährdet und nur bedingt frosthart. Verwendet wird sie deshalb selten in Gruppenpflanzungen und als Rosenbegleiter.

Deutzia scabra 'Plena' (Rosa Gefüllte Deutzie)

Beschreibung: Deutzia scabra 'Plena' ist ein straff aufrecht und sparrig verzweigt wachsender Strauch, der eine Höhe von etwa 4 m erreicht. Die lanzettlichen bis länglich eiförmigen Blätter sind dunkelgrün und rau. Mitte Juni bis Ende Juli leuchten weiße, mit einem leichten Rosastich versehene, gefüllte Blüten; sie stehen in bis zu 12 cm langen Doldenrispen zusammen.
Standort: Die Rosa Gefüllte Deutzie ist ein Flachwurzler mit hohem Feinwurzelanteil. Sie braucht frische bis feuchte, durchlässige und nährstoffreiche Böden und bevorzugt sonnige Standorte. Auf Trockenheit reagiert sie empfindlich.
Verwendung: Deutzia scabra 'Plena' wird in privaten Gärten als Blütenstrauch im Einzelstand oder zur Gruppenbepflanzung genutzt.

Abteilung 8: Gehölze mit lanzettlichen Blättern

Hippophae rhamnoides (Sanddorn)

Beschreibung: Hippophae rhamnoides ist mit 4 bis 6 (bis 10) m Wuchshöhe ein Groß-Strauch oder Klein-Baum, der unregelmäßig, oft sparrig verzweigt wächst. Die 5 bis 7 cm langen, sommergrünen Blätter haben eine lineal lanzettliche Form, sind oberseits graugrün und weißgrau unterseits gefärbt. Im März erscheinen die blassgrünen oder blassgelben Blüten. Die länglichen bis eiförmigen Früchte des Sanddorns leuchten im September in den Farben Rot, Orange und Gelb.

Standort: Der Standort sollte extrem trocken bis frisch sein, der pH-Wert kann von mäßig sauer bis alkalisch variieren. Der Sanddorn mag nährstoffarme bis sehr nährstoffarme Böden.

Verwendung: Verwendet wird Hippophae rhamnoides in der Landschaft hauptsächlich als Pionierbesiedler zur Bodenverbesserung, Haldenbegrünung und Hangbefestigung sowie als Wind- und Vogelschutzgehölz und Bienenweide. In einigen Gegenden baut man den Sanddorn auch als Obstgehölz an.

Hypericum 'Hidcote'
(Großblumiges Johanniskraut, Großblumiger Johannisstrauch)

Beschreibung: Hypericum 'Hidcote' ist ein Klein-Strauch von 0,8 bis 1,5 m Höhe, der straff aufrecht wächst mit leicht überhängenden Triebspitzen. Die winter- bis immergrünen Blätter sind lanzettlich bis länglich eiförmig geformt, 4 bis 6 cm lang und stumpfgrün gefärbt. Das Großblumige Johanniskraut blüht von Juli bis Oktober mit auffallenden, 5 bis 7 cm breiten, goldgelben Blüten; sie stehen endständig in Trugdolden zusammen.
Standort: Hypericum 'Hidcote' ist ein Flachwurzler und gedeiht auf allen normalen Gartenböden. Der Standort kann sonnig bis halbschattig sein.
Verwendung: Im Siedlungsbereich benutzt man das Großblumige Johanniskraut hauptsächlich zum Bepflanzen von Steingärten, Böschungen und Trögen, aber auch als Gruppengehölz für Kleinhecken und zur Flächenbepflanzung.

Lavandula angustifolia
(Lavendel)

Beschreibung: Lavandula angustifolia ist ein Halb-Strauch mit dicht verzweigter und feintriebiger Krone. Er erreicht eine Höhe von ca. 0,5 m. Seine immergrünen Blätter haben eine schmal lanzettliche Form; sie sind oberseits graugrün filzig und unterseits etwas heller gefärbt. Die lila Blüten stehen endständig in Büscheln zusammen. Die Blütezeit reicht von Juni bis August.
Standort: Lavandula angustifolia wurzelt sowohl flach als auch tief und gedeiht auf allen normalen, durchlässigen Böden. Der Standort sollte vollsonnig und geschützt sein, da der Lavendel nur in wintermilden Gebieten ausdauernd ist.
Verwendung: Im Siedlungsbereich wird Lavandula angustifolia häufig als Begleitpflanze für Rosen und zur Randbepflanzung eingesetzt.

Abteilung 8: Gehölze mit lanzettlichen Blättern

Lonicera henryi (Immergrünes Geißblatt, Immergrüne Geißschlinge, Henrys Geißblatt)

Beschreibung: Lonicera henryi ist ein Schlinger mit schleppenartig überhängendem Wuchs. Stark windend und wüchsig erreicht das Immergrüne Geißblatt eine Höhe von bis zu 10 m. Die immergrünen Blätter haben eine lanzettliche Form und sind glänzend dunkelgrün gefärbt. Sie werden bis zu 10 cm lang. Die gelben bis roten Blüten stehen achsel- oder endständig in quirligen Ähren zusammen. Sie sind zweilippig und haben einen gelben Schlund. Die Blütezeit reicht von Juni bis August. Von August bis September reifen schwarze, kugelige Beeren heran.
Standort: Das Immergrüne Geißblatt braucht sandig-lehmige, humose, frische bis feuchte, schwach saure bis alkalische, nährstoffreiche Böden; der Standort sollte halbschattig bis schattig sein.
Verwendung: Im Siedlungsbereich verwendet man das Immergrüne Geißblatt (mit entsprechenden Kletterhilfen) zur Begrünung von Mauern, Lauben, Säulen und Zäunen. Hinweis: Lonicera henryi ist stadtklimafest, ausreichend frosthart und anspruchslos. Der Schnitt (Auslichtungs- und Verjüngungsschnitt) sollte bei Bedarf von November bis März erfolgen.

Abteilung 8: Gehölze mit lanzettlichen Blättern

Mespilus germanica
(Echte Mispel, Mispel)

Beschreibung: Mespilus germanica ist ein breit ausladend wachsender Groß-Strauch mit einer Höhe von 3 bis 6 m. Die lanzettlich oval geformten Blätter sind oberseits trübgrün und unterseits graugrün-filzig. Anfang Mai erscheinen 3 bis 4 cm große, weiße Blüten; die Blütezeit reicht bis Ende Juni. Anfang Oktober reifen die lilafarbenen, 2 bis 4 cm großen, eiförmigen bis runden Früchte.
Standort: Die Echte Mispel ist ein Tiefwurzler. Sie braucht trockene bis frische, tiefgründige Böden mit mittleren Humusgehalten und schwach sauren bis alkalischen pH-Werten. Der Standort kann vollsonnig bis halbschattig sein.
Verwendung: Verwendung findet die Echte Mispel als Landschaftsgehölz in Mischpflanzungen und im Siedlungsbereich zur Eingrünung oder auch als Obstgehölz.

Pieris japonica
(Hängendes Schattenglöckchen, Japanische Lavendelheide, Japanischer Weißglockenstrauch)

Beschreibung: Pieris japonica ist ein ca. 2 bis 3 m hoch wachsender Strauch mit breit aufrecht und locker wachsender Krone. Die Blätter des Hängenden Schattenglöckchens sind immergrün, 3 bis 8 cm lang und von länglich lanzettlicher Form. Sie sind oberseits glänzend grün und unterseits etwas heller gefärbt sowie an den Rändern stumpf gesägt. Die weißen Blüten erscheinen zwischen März und April in ca. 12 cm langen, hängenden Trauben.
Standort: Das Hängende Schattenglöckchen ist ein Flachwurzler. Es bevorzugt feuchte, sandig-humose, nährstoffarme, kalkfreie Böden mit sauren bis neutralen pH-Werten. Die Standorte sollten halbschattig bis schattig sein.
Verwendung: Im Siedlungsbereich wird die Japanische Lavendelheide wegen der auffälligen Blätter und Blüten zur Einzelstellung im lichten Schatten sowie zur Unterpflanzung größerer Gehölze eingesetzt.

Pieris japonica 'Little Heath'
(Japanische Lavendelheide, Japanischer Weißglockenstrauch, Hängendes Schattenglöckchen)

Beschreibung: Pieris japonica 'Little Heath' ist ein Strauch mit aufrechtem Wuchs und einer Höhe von ca. 1 m. Die immergrünen Blätter sind 3 bis 8 cm lang, lanzettlich bis verkehrt schmal eiförmig und oberseits glänzend grün gefärbt mit schmalen, hellgelben Bändern am Blattrand. Der Blattaustrieb ist häufig braunrot bis rot gefärbt. Die Japanische Lavendelheide blüht von März bis Mai; die weißen, eiförmigen Einzelblüten sitzen in langen, hängenden Trauben.
Standort: Das Wurzelsystem von Pieris japonica 'Little Heath' ist flach und filzig. Sie braucht sandig-humose, saure bis neutrale, kalkfreie und nährstoffarme Böden. Der Standort sollte halbschattig bis schattig sein.
Verwendung: Verwendet wird Pieris japonica 'Little Heath' hauptsächlich zur Unterpflanzung von Gehölzen, aber auch als Zierstrauch im lichten Schatten.

Pieris japonica 'Red Mill'
(Hängendes Schattenglöckchen, Japanische Lavendelheide, Japanischer Weißglockenstrauch)

Beschreibung: Pieris japonica 'Red Mill' ist ein ca. 1,6 m hoch wachsender Strauch mit breit aufrecht wachsender, lockerer Krone. Die Blätter des Hängenden Schattenglöckchens sind immergrün und im Austrieb rot gefärbt. Sie sind 3 bis 8 cm lang, von länglich lanzettlicher Form, oberseits glänzend grün und unterseits etwas heller gefärbt sowie an den Rändern stumpf gesägt. Die cremeweißen Blüten erscheinen zwischen März und April in ca. 12 cm langen, hängenden Trauben.
Standort: Das Hängende Schattenglöckchen ist ein Flachwurzler. Es bevorzugt feuchte, sandig-humose, nährstoffarme, kalkfreie Böden mit sauren bis neutralen pH-Werten. Die Standorte sollten halbschattig bis schattig sein.
Verwendung: Im Siedlungsbereich wird Pieris japonica 'Red Mill' wegen der auffälligen Blätter und Blüten zur Einzelstellung im lichten Schatten sowie zur Unterpflanzung größerer Gehölze eingesetzt.

Abteilung 8: Gehölze mit lanzettlichen Blättern

Prunus serrula (Mahagoni-Kirsche, Tibetanische Kirsche)

Beschreibung: Prunus serrula ist ein Klein-Baum oder Groß-Strauch mit einer Höhe von 5 bis 9 m (in ihrer Heimat wird die Tibetanische Kirsche bis zu 12 m hoch). Sie wächst breit und dicht und oft auch mehrstämmig. Die 4 bis 10 cm großen, lanzettlichen Blätter sind oberseits grün und unterseits hellgrün gefärbt. Die Herbstfärbung ist gelb. Die Blüten sind nicht gefüllt und blühen von Anfang April bis Ende Mai in weißer Farbe. Die roten bis braunen Steinfrüchte haben ein länglich eiförmiges Aussehen und werden 0,6 bis 1,2 cm groß.

Standort: Die Mahagoni-Kirsche benötigt trockene bis frische Böden mit einem mittleren Humusgehalt. Der Standort kann sonnig bis absonnig sein.

Verwendung: Prunus serrula wird im Siedlungsbereich als Solitär- und Gruppengehölz sowie zur Rahmenpflanzung verwendet.

Prunus spinosa (Schlehe, Schwarzdorn)

Beschreibung: Prunus spinosa ist ein sparrig verzweigter Strauch mit einer Höhe von 1 bis 3 m. Die 2 bis 5 cm langen Blätter sind breit lanzettlich bis elliptisch. Die 1 bis 1,5 cm großen, weißen Blüten erscheinen zwischen Anfang April bis Ende Mai am vorjährigen Holz.

Standort: Prunus spinosa ist ein Flachwurzler. An den Boden stellt sie keine besonderen Ansprüche, allerdings ist sie staunässegefährdet und der pH-Wert sollte zwischen leicht sauer bis stark alkalisch rangieren.

Verwendung: Die Schlehe findet in der freien Landschaft vor allem Verwendung als Vogelnähr-, Bienennähr-, Windschutz- und Lärmschutzgehölz. Als Pioniergehölz wird sie auch zur Hangbefestigung und Haldenbegrünung benutzt.

Abteilung 8: Gehölze mit lanzettlichen Blättern

Prunus tenella (Zwerg-Mandel)

Beschreibung: Prunus tenella ist ein Klein-Strauch, der locker aufrecht wächst und Ausläufer bildet. Die Zwerg-Mandel erreicht eine Höhe von 0,6 bis 1,5 m. Die lanzettlich bis elliptisch geformten Blätter sind 3,5 bis 8 cm lang und tiefgrün gefärbt. Anfang April bis Ende Mai blühen ca. 3 cm große, rosa bis rot gefärbte, ungefüllte Blüten.
Standort: Die Zwerg-Mandel ist ein Tiefwurzler bzw. Pfahlwurzler und beansprucht trockene bis sehr frische Böden, die durchlässig sind und neutrale bis stark alkalische pH-Werte aufweisen; der Nährstoffgehalt der Böden sollte normal bis hoch sein.
Verwendung: Verwendung findet Prunus tenella vor allem als Solitärgehölz in Gärten, Vorgärten, an Terrassen, in Stein- und Heidegärten, auf Mauerkronen und in Pflanzgefäßen.

Abteilung 8: Gehölze mit lanzettlichen Blättern

Salix alba (Silber-Weide, Weiß-Weide)

Beschreibung: Salix alba, die Silber-Weide, ist ein Baum von 15 bis 25 m Wuchshöhe. Sie wächst rundkronig bis eiförmig mit lockerem und ausladendem Kronenaufbau. Die 6 bis 10 cm langen, lanzettlich geformten Blätter sind oberseits mattgrün und unterseits grün gefärbt und behaart. Die zweihäusigen Blüten entfalten sich im April zunächst silber-, später gelb- (männliche Blüten) bis grüngelbfarben (weibliche Blüten) in Form von 4 bis 6 cm langen Kätzchen.
Standort: Die Silber-Weide ist ein Flachwurzler; an den Boden stellt sie keine besonderen Ansprüche. Der Standort kann vollsonnig bis absonnig sein.
Verwendung: Salix alba wird in der freien Landschaft hauptsächlich als Pionierbesiedler zur Haldenbegrünung, Hang-und Uferbefestigung, zur Bodenverbesserung und als Wind- und Lärmschutzgehölz eingesetzt. Im privaten Bereich setzt man die Silber-Weide u.a. als Formgehölz ein sowie zur Bepflanzung von Bach- und Teichufern, zur Rahmenpflanzung und zur Straßenraumbegrünung.

Abteilung 8: Gehölze mit lanzettlichen Blättern

Salix alba 'Tristis' (Hänge-Weide, Trauer-Weide)

Beschreibung: Salix alba 'Tristis', die Trauer-Weide, ist ein Baum mit einer Wuchshöhe von 15 bis 20 m und einer weit ausladenden Krone mit weit überhängenden Ästen. Die lanzettlichen Blätter sind anfangs dicht silberweiß behaart; oberseits sind sie grün, unterseits blaugrün gefärbt. Sie können 6 bis 10 cm lang werden. Die zweihäusigen Blüten erscheinen im April. Die weiblichen Kätzchen sind grün gefärbt und werden 4 bis 6 cm lang; die männlichen Blüten sind etwas kürzer und von leuchtend gelber Farbe.
Standort: Die Trauer-Weide ist ein Flachwurzler; an den Boden stellt sie keine besonderen Ansprüche. Der Standort kann sonnig bis absonnig sein.
Verwendung: Salix alba 'Tristis' wird im privaten Bereich als Solitärgehölz, in Gruppenpflanzungen, an Teichufern und Bachläufen eingesetzt. In der Landschaft setzt man die Trauer-Weide besonders zur Uferbefestigung, zur Bodenverbesserung und als Bienenweide ein.

Abteilung 8: Gehölze mit lanzettlichen Blättern

Salix melanostachys
[Salix gracilistyla var. melanostachys] (Schwarzkätzchen-Weide)

Beschreibung: Salix melanostachys ist ein ca. 2 m hoch wachsender Strauch mit buschigem Habitus. Die 8 bis 10 cm großen, lanzettlich geformten Blätter sind beidseitig hellgrün gefärbt. Die einhäusigen Blüten erscheinen zwischen Ende März und Anfang Mai, sind schwarz gefärbt, 1 bis 2 cm lang und haben die Form von Kätzchen.
Standort: Die Schwarzkätzchen-Weide kann sowohl flach als auch tief wurzeln; der Boden kann trocken bis feucht sein mit hohen Nährstoffgehalten und pH-Werten zwischen mäßig sauer bis mäßig alkalisch. Der Standort kann sonnig bis absonnig sein.
Verwendung: Salix melanostachys wird in der Landschaft vorwiegend als Pioniergehölz eingesetzt. Im Siedlungsbereich wird die Schwarzkätzchen-Weide vor allem als Gruppenpflanze an Bachläufen und Teichufern benutzt, aber auch als Solitärgehölz in Hausgärten, Fußgängerzonen und Parks.

Spiraea japonica 'Albiflora'
(Weißblütiger Spierstrauch)

Beschreibung: Spiraea japonica 'Albiflora' ist ein 0,3 bis 0,6 m hoch wachsender Zwerg-Strauch. Die hellgrünen Blätter sind lanzettlich geformt und werden 6 bis 7 cm lang. Die weißen Blüten stehen in Doldentrauben zusammen; die Blütezeit reicht von Juni bis September.
Standort: Spiraea japonica 'Albiflora' ist ein Flachwurzler und braucht zum guten Gedeihen kultivierte Böden.
Verwendung: Der Weißblütige Spierstrauch wird im Siedlungsbereich hauptsächlich zur Flächenbegrünung, als Gruppengehölz und als niedrige Hecke eingesetzt.

Abteilung 8: Gehölze mit lanzettlichen Blättern

Spiraea japonica 'Little Princess'
(Rosa Zwerg-Spiere, Japan-Spiere)

Beschreibung: Spiraea japonica 'Little Princess' ist ein Zwerg-Strauch, der eine Höhe von bis zu 0,6 m erreicht und gedrungen, viel- und feintriebig wächst. Die frischgrünen Blätter sind lanzettlich geformt und werden 1 bis 3 cm lang. Die zartrosa Blüten stehen zahlreich endständig am einjährigen Holz in Trugdolden zusammen, die einen Durchmesser von 5 bis 6 cm erreichen.

Standort: Spiraea japonica 'Little Princess' wurzelt flach. An den Boden stellt sie keine besonderen Ansprüche. Der Standort sollte sonnig sein.

Verwendung: Im Siedlungsbereich wird die Japan-Spiere zur Flächenbegrünung und in vielen Bereichen zur Gruppenbepflanzung eingesetzt.

Abteilung 8: Gehölze mit lanzettlichen Blättern

Spiraea x bumalda 'Goldflamme'
(Rote Sommer-Spiere, Niedriger Spierstrauch)

Beschreibung: Spiraea x bumalda 'Goldflamme' ist ein buschig aufrecht, breit und dicht wachsender Klein-Strauch mit einer Wuchshöhe von 0,5 bis 1 m. Die grünen Blätter sind lanzettlich geformt und im Austrieb rot gefärbt. Die roten bis blauroten Blüten stehen endständig am einjährigen Holz in bis zu 15 cm großen Trugdolden zusammen.
Standort: Die Rote Sommer-Spiere ist ein Flachwurzler. An den Boden stellt sie keine besonderen Ansprüche; der Standort kann sonnig bis halbschattig sein.
Verwendung: Verwendet wird Spiraea x bumalda 'Goldflamme' im Siedlungsbereich vor allem für flächige Pflanzungen, Einfassungen und Blütenhecken.

Abteilung 8: Gehölze mit lanzettlichen Blättern

Tamarix parviflora (Tamariske, Frühlings-Tamariske)

Beschreibung: Tamarix parviflora ist mit 3 bis 5 m Wuchshöhe ein Groß-Strauch. Er wächst straff aufrecht und wenig verzweigt mit weit ausladenden und überhängenden Zweigen. Die blassgrünen Blätter sind sehr fein ausgebildet, lanzettlich geformt und sitzen schuppenartig am Trieb. Die rosa Blüten hängen im Mai bis Juni sehr zahlreich in 3 bis 4 cm langen Trauben an vorjährigen Trieben.
Standort: Die Tamariske ist ein Tiefwurzler. Sie braucht humose bis sandige, trockene bis frische Böden auf sonnigen Standorten. Sie ist trockenheitsresistent und salzverträglich.
Verwendung: Verwendet wird Tamarix parviflora in Gärten hauptsächlich als Blütenstrauch in Einzelstellung.

ABTEILUNG 9

Gehölze mit elliptischen (ovalen) Blättern

Amelanchier lamarckii (Kupfer-Felsenbirne): S. 176

Aucuba japonica 'Variegata' (Buntlaubige Aukube 'Variegata'): S. 177

Berberis gagnepainii var. lanceifolia (Lanzen-Berberitze, Immergrüne Lanzen-Berberitze): S. 178

Berberis julianae (Großblättrige Berberitze, Julianes Berberitze): S. 179

Buxus sempervirens (Buchsbaum, Europäischer Buchsbaum): S. 180

Callicarpa bodinieri (Schönfrucht, Liebesperlen-Strauch): S. 181

Chaenomeles speciosa (Hochwachsende Zierquitte): S. 182

Cornus kousa var. chinensis (Chinesischer Blumen-Hartriegel): S. 183

Cornus mas (Kornelkirsche): S. 184

Cotoneaster dammeri 'Eichholz' (Zwergmispel, Teppichmispel): S. 185

Abteilung 9: Gehölze mit elliptischen (ovalen) Blättern

Cotoneaster dammeri 'Radicans' (Zwergmispel, Teppichmispel): S. 186

Cotoneaster divaricatus (Breite Strauchmispel): S. 187

Elaeagnus multiflora (Essbare Ölweide, Reichblütige Ölweide): S. 188

Euonymus alatus 'Compactus' (Korkflügelstrauch 'Compacta', Flügel-Spindelbaum 'Compacta'): S. 189

Euonymus fortunei 'Emerald'n Gold' (Gelbbunte Kriechspindel, Kriechspindel, Spindelstrauch): S. 190

Gaultheria procumbens (Rote Teppichbeere, Scheinbeere): S. 191

Genista tinctoria (Färber-Ginster): S. 192

Hedera colchica 'Arborescens' (Kolchischer Efeu, Kaukasus-Efeu): S. 193

Hypericum androsaemum 'Autumn Blaze' (Mannsblut): S. 194

Hypericum calycinum (Johanniskraut, Immergrünes Johanniskraut S. 195

172

Abteilung 9: Gehölze mit elliptischen (ovalen) Blättern

Ligustrum vulgare (Liguster, Rainweide): S. 196

Lonicera x brownii 'Dropmore Scarlet' (Geißblatt 'Dropmore Scarlet', Rote Geißschlinge): S. 197

Lonicera x heckrottii (Geißblatt 'Heckrottii', Feuer-Geißschlinge): S. 198

Lonicera nitida 'Maigrün' (Heckenmyrte, Immergrüne Heckenkirsche, Immergrüne Strauch-Heckenkirsche 'Maigrün'): S. 199

Lonicera x tellmanniana (Gold-Geißschlinge, Gold-Geißblatt): S. 200

Magnolia tripetala (Schirm-Magnolie): S. 201

Prunus avium (Vogelkirsche, Wildkirsche): S. 202

173

Abteilung 9: Gehölze mit elliptischen (ovalen) Blättern

Prunus cerasifera 'Nigra' (Blut-Pflaume): S. 203

Prunus laurocerasus (Lorbeerkirsche): S. 204

Salix caprea (Sal-Weide, Palm-Weide): S. 205

Salix caprea 'Pendula' (Hänge-Kätzchen-Weide, Hängende Kätzchen-Weide): S. 206

Skimmia japonica (Frucht-Skimmie, Japanische Skimmie): S. 207

Skimmia japonica 'Foremanii' (Blüten-Skimmie): S. 208

Abteilung 9: Gehölze mit elliptischen (ovalen) Blättern

Stachyurus praecox (Japanische Schweifähre): S. 209

Syringa microphylla 'Superba' (Herbst-Flieder, Öfterblühender Flieder): S. 210

Viburnum x bodnantense 'Dawn' (Duftender Winter-Schneeball, Winter-Schneeball): S. 211

Viburnum davidii (Davids Schneeball, Immergrüner Kissen-Schneeball): S. 212

Vinca minor (Kleines Immergrün, Immergrün): S. 213

Weigela florida 'Nana Variegata' (Hoher Glockenstrauch 'Nana Variegata'): S. 214

Weigela-Hybride 'Eva Rathke' (Weigelie 'Eva Rathke'): S. 215

Abteilung 9: Gehölze mit elliptischen (ovalen) Blättern

Amelanchier lamarckii (Kupfer-Felsenbirne)

Beschreibung: Amelanchier lamarckii, die Kupfer-Felsenbirne, wächst mehrstämmig zu einem Groß-Strauch bis Klein-Baum heran und bildet eine schirmförmige, lichte Krone; sie erreicht eine Höhe von ca. 6 bis 8 m. Die elliptischen Blätter sind im Austrieb kupferrot und im Herbst leuchtend gelb bis rot. Die weißen, sternförmigen Blüten erscheinen Mitte April bis Mitte Mai in zahlreichen Trauben. Die kleinen, schwarzen, birnenförmigen Früchte sind im Juli bis August reif und essbar.
Standort: Die Kupfer-Felsenbirne ist ein Flachwurzler. Sie wächst auf allen normalen, kultivierten Böden. Ihre Lichtansprüche reichen von sonnig bis schattig; sie verträgt Staunässe wie auch Trockenheitsperioden.
Verwendung: Im Siedlungsbereich und in öffentlichen Grünanlagen wird Amelanchier lamarckii wegen der Blüte und der Herbstfärbung als Zierstrauch verwendet. In der Landschaft wird sie in Mischpflanzungen und Hecken eingesetzt (Vogelnähr-, Nist- und Schutzgehölz).

Abteilung 9: Gehölze mit elliptischen (ovalen) Blättern

Aucuba japonica 'Variegata' (Buntlaubige Aukube 'Variegata')

Beschreibung: Aucuba japonica, die Buntlaubige Aukube, ist ein breit aufrecht wachsender Strauch. Sie erreicht eine Höhe von 1,5 bis 2,5 m. Die immergrünen, derben, glänzenden Blätter sind von elliptischer Form, 8 bis 20 cm lang und ungleichmäßig grün und gelb gefärbt. Die purpurroten Blüten der Buntlaubigen Aukube 'Variegata' stehen in 5 bis 10 cm großen Rispen zusammen; sie blühen von Anfang März bis Ende April. Anfang Mai bis Ende Juni reifen braune bis rote, 1 bis 1,5 cm große Steinfrüchte; sie haben eine länglich eiförmige bis runde Form.

Standort: Aucuba japonica 'Variegata' braucht einen mittel- bis tiefgründigen Boden. Er sollte durchlässig und frisch sein und einen schwach sauren bis schwach alkalischen pH-Wert haben; der Standort sollte möglichst halbschattig bis schattig sein, da die Blätter empfindlich auf die Wintersonne reagieren.

Verwendung: Die Buntlaubige Aukube 'Variegata' ist ein dekoratives Gehölz für Einzelstellung und Gruppenpflanzung in schattiger Lage. In atlantisch beeinflussten Klimazonen ist sie winterhart, in kälteren, kontinentalen Zonen braucht sie Winterschutz. Sie ist hervorragend für Kübelbepflanzungen geeignet und passt gut zu Rhododendren, Kirschlorbeer, Nadelgehölzen, Bambus und Hortensien.

Berberis gagnepainii var. lanceifolia
(Lanzen-Berberitze, Immergrüne Lanzen-Berberitze)

Beschreibung: Berberis gagnepainii var. lanceifolia, die Lanzen-Berberitze, ist ein rundlich und dichtbuschig wachsender Klein-Strauch. Sie erreicht eine Höhe von 0,5 bis 0,8 m. Die immergrünen, derben, dunkelgrünen Blätter sind von elliptischer Form und stachelig spitz. Die Blüten der Lanzen-Berberitze sind orangegelb gefärbt und blühen von April bis Mai.

Standort: Berberis gagnepainii var. lanceifolia hat ein flaches Wurzelsystem mit vielen Fein- und wenigen Hauptwurzeln. An den Boden stellt sie keine besonderen Ansprüche; der Standort kann sonnig bis schattig sein.

Verwendung: Im Siedlungsbereich wird die Lanzen-Berberitze hauptsächlich für flächige Pflanzungen, für Einfassungen und die Bepflanzung von Kübeln und Trögen benutzt.

Abteilung 9: Gehölze mit elliptischen (ovalen) Blättern

Berberis julianae
(Großblättrige Berberitze, Julianes Berberitze)

Beschreibung: Berberis julianae ist ein aufrecht und dicht verzweigt wachsender Strauch bis Groß-Strauch, der eine Höhe von 2 bis 3 m erreicht. Die immergrünen Blätter sind von ovaler Form, oberseits lederartig und dunkelgrün gefärbt, unterseits von blassgrüner Farbe. Die Großblättrige Berberitze blüht im Mai bis Juni. Die gelben Blüten stehen in Büscheln zusammen.
Standort: Berberis julianae hat ein flaches Wurzelsystem mit vielen Fein- und wenigen Hauptwurzeln. An den Boden stellt sie keine besonderen Ansprüche; der Standort sollte sonnig bis halbschattig sein.
Verwendung: Im Siedlungsbereich wird die Großblättrige Berberitze hauptsächlich für Gruppenpflanzungen und Hecken eingesetzt, seltener in Einzelstellung und Pflanzgefäßen.

Abteilung 9: Gehölze mit elliptischen (ovalen) Blättern

Buxus sempervirens (Buchsbaum, Europäischer Buchsbaum)

Beschreibung: Buxus sempervirens ist ein Groß-Strauch bis Klein-Baum mit einer Wuchshöhe von 3 bis 5 m. Seine immergrünen, elliptischen bis eiförmigen Blätter sind 1,5 bis 3 cm lang, oberseits glänzend dunkelgrün und unterseits dunkelgrün gefärbt. Er blüht unscheinbar mit gelbgrünen, duftenden Blüten von April bis Mai.
Standort: Der Europäische Buchsbaum ist ein Herzwurzler mit weit reichendem, dichtem Wurzelsystem. Die Böden sollten neutral bis stark alkalisch (kalkhaltig) sein, weitere Ansprüche stellt er nicht. Die Lichtverhältnisse können zwischen sonnig und schattig variieren.
Verwendung: Im Siedlungsbereich wird der Buchsbaum zur Unterpflanzung von Gehölzen, als Heckenpflanze und besonders für Formhecken benutzt.

Abteilung 9: Gehölze mit elliptischen (ovalen) Blättern

Callicarpa bodinieri (Schönfrucht, Liebesperlen-Strauch)

Beschreibung: Callicarpa bodinieri, in deutscher Sprache Schönfrucht oder auch Liebesperlen-Strauch genannt, ist ein Strauch von max. 4 m Höhe. Er wächst aufrecht und feintriebig. Die Blätter sind 5 bis 12 cm lang, elliptisch geformt und von stumpfgrüner Farbe. Im Herbst sind sie gelb gefärbt. Die lila Blüten erscheinen im Juli bis August in etwa 2 cm breiten Trugdolden. Im September bis Oktober werden zahlreiche perlenartige, violette Früchte reif.
Standort: Das Wurzelsystem der Schönfrucht ist flach. Sie braucht leichte bis mittelschwere, humose Böden und Wurzelschutz im Winter, da sie frostgefährdet ist. Der Standort sollte sonnig bis halbschattig sein.
Verwendung: Verwendet wird Callicarpa bodinieri im Siedlungsbereich, in Parkanlagen und Hausgärten als Solitär- oder Gruppengehölz. Außerdem wird sie für die Bepflanzung von Trögen, Kübeln und anderen Gefäßen eingesetzt.

Chaenomeles speciosa
(Hochwachsende Zierquitte)

Beschreibung: Chaenomeles speciosa, die Hochwachsende Zierquitte, ist ein Strauch von 2 bis 3 m Höhe. Sie wächst aufrecht mit ausladenden Zweigen. Die Blätter werden bis zu 8 cm lang, sind spitzoval geformt und dunkelgrün glänzend gefärbt. Die leuchtend roten Blüten erscheinen im März bis April in Büscheln am zweijährigen Holz. Die Früchte sind gelbgrün gefärbt mit leicht roter Tönung.
Standort: Das Wurzelsystem ist sparrig verzweigt und Ausläufer treibend. An den Boden stellt die Hochwachsende Zierquitte keine besonderen Ansprüche; der Standort sollte sonnig bis halbschattig sein.
Verwendung: Im Hausgarten benutzt man Chaenomeles speciosa als Blütengehölz in Einzelstellung oder in Gruppenpflanzungen. Häufig wird sie auch für die Bepflanzung von Kübeln und Trögen eingesetzt. In der Landschaft pflanzt man sie hauptsächlich als Hecken- und Vogelschutzgehölz, zur Böschungsbefestigung sowie zur Vorpflanzung zu größeren Gehölzen, einzeln und in Gruppen.

Cornus kousa var. chinensis
(Chinesischer Blumen-Hartriegel)

Beschreibung: Cornus kousa var. chinensis, der Chinesische Blumen-Hartriegel, ist ein Groß-Strauch bis Klein-Baum, der mit breiter, etagenartiger Krone straff aufrecht wächst und eine Höhe von 5 bis 8 m erreicht. Die elliptisch bis eiförmig geformten Blätter werden 6 bis 10 cm lang und sind oberseits dunkelgrün und unterseits blaugrün gefärbt. Die Herbstfärbung ist leuchtend rot, leuchtend orange und leuchtend gelb. Die Blütezeit liegt zwischen Anfang Mai und Ende Juni. Die weißen Blüten werden aus vier kreuzförmig stehenden, spitzeiförmigen Hochblättern gebildet. Im Alter können sie sich nach Rosa verfärben. Die etwa 2 cm großen Früchte (Steinfrucht) reifen Anfang bis Ende September und sind dunkelrosa gefärbt.
Standort: Das Wurzelsystem des Chinesischen Blumen-Hartriegels ist herzförmig. An den Boden hat er keine besonderen Ansprüche, bevorzugt aber frische bis feuchte und humose Böden auf sonnigen bis halbschattigen Standorten. Der pH-Wert des Bodens sollte zwischen leicht sauer bis leicht alkalisch liegen.
Verwendung: Benutzt wird Cornus kousa var. chinensis in Parkpflanzungen, Hausgärten, Vor- und Atriumgärten, an Terrassen und in Kübeln als Solitär- und Gruppengehölz, als Strauch- und Blütenhecke sowie als Rhododendronbegleiter.

Cornus mas
(Kornelkirsche)

Beschreibung: Cornus mas ist ein Groß-Strauch von bis zu 8 m Höhe; er wächst sparrig verzweigt und oft mehrstämmig. Die elliptisch geformten Blätter werden 8 bis 12 cm lang, sind oberseits glänzend grün und unterseits bläulichgrün gefärbt. Die Blütezeit liegt zwischen März und April. Die goldgelben Einzelblüten stehen in kleinen Dolden am zweijährigen Holz zusammen. Die roten, kirschähnlichen, essbaren Früchte reifen im August bis September heran.
Standort: Die Kornelkirsche ist ein Herzwurzler mit feinem Wurzelsystem. Sie beansprucht frische Lehm- und Humusböden mit neutralen bis alkalischen pH-Werten. Die Beleuchtung des Standorts kann von sonnig bis halbschattig variieren.
Verwendung: Benutzt wird Cornus mas in der freien Landschaft als Heckengehölz, Wind- und Vogelschutzgehölz; in Hausgärten als Ziergehölz und zur Bepflanzung von Kübeln und Trögen.

Abteilung 9: Gehölze mit elliptischen (ovalen) Blättern

Cotoneaster dammeri 'Eichholz'
(Zwergmispel, Teppichmispel)

Beschreibung: Cotoneaster dammeri 'Eichholz' ist ein Zwerg-Strauch von 0,5 bis 0,7 m Wuchshöhe mit langen, bogig überhängenden, teilweise kriechenden Zweigen. Die immergrünen Blätter sind elliptisch geformt, 1,5 bis 2 cm lang und dunkelgrün glänzend. Die Zwergmispel blüht im Mai; die Blütenfarbe ist weiß. Anfang August bis Ende Oktober reifen leuchtend rotbraune bis leuchtend orange gefärbte, 0,5 bis 0,8 cm große Früchte.
Standort: Die Zwergmispel ist ein Flachwurzler; das Wurzelsystem ist sehr fein und dicht. An den Boden stellt sie keine besonderen Ansprüche; der Standort kann sonnig bis halbschattig sein.
Verwendung: Im Siedlungsbereich wird die Teppichmispel hauptsächlich als Bodendecker, zur Dachbegrünung und in Pflanzgefäßen eingesetzt.

Cotoneaster dammeri 'Radicans'
(Zwergmispel, Teppichmispel)

Beschreibung: Cotoneaster dammeri 'Radicans' ist ein Zwerg-Strauch von 0,1 bis 0,15 m Wuchshöhe mit langen, flachbogigen, kriechenden Zweigen. Die immergrünen Blätter sind elliptisch bis verkehrt eiförmig geformt, 1 bis 1,5 cm lang und dunkelgrün glänzend. Die Zwergmispel blüht von Mitte Mai bis Ende Juni; die Blütenfarbe ist weiß mit wenig roten Anteilen. Anfang August bis Ende Oktober reifen leuchtend rote, 0,5 bis 0,8 cm große, länglich eiförmige Früchte.
Standort: Die Zwergmispel ist ein Flachwurzler; das Wurzelsystem ist sehr fein und dicht. An den Boden stellt sie keine besonderen Ansprüche, der pH-Wert sollte zwischen mäßig sauer und mäßig alkalisch liegen. Der Standort kann sonnig bis halbschattig sein.
Verwendung: Im Siedlungsbereich wird die Teppichmispel hauptsächlich als Bodendecker, zur Dachbegrünung und in Pflanzgefäßen eingesetzt.

Abteilung 9: Gehölze mit elliptischen (ovalen) Blättern

Cotoneaster divaricatus
(Breite Strauchmispel)

Beschreibung: Cotoneaster divaricatus ist ein Strauch von 2 bis 3 m Wuchshöhe und 2 bis 3 m Wuchsbreite. Die Breite Strauchmispel wächst breitbogig mit fächerförmig abstehenden Zweigen. Die Blätter sind elliptisch geformt, 1 bis 2,5 cm lang und dunkelgrün glänzend gefärbt. Die Herbstfärbung ist scharlachrot. Sie blüht unscheinbar im Juni; die Blütenfarbe ist weiß. Die Früchte sind dunkelrot, länglich eiförmig und etwa 0,8 cm lang; sie reifen von September bis November.
Standort: An den Standort hat die Breite Strauchmispel keine besonderen Ansprüche. Sie ist mit normalen Gartenböden zufrieden und braucht sonnige bis halbschattige Standorte. Sie ist sehr winterhart, kalk- und schnittverträglich, aber feuerbrandgefährdet!
Verwendung: Man nutzt Cotoneaster divaricatus als Solitärgehölz, zur Gruppen- und Reihenpflanzung und als Hecke. Darüber hinaus wird sie in der Landschaft vor allem als Wind- und Vogelschutzgehölz sowie auch als Bienenweide eingesetzt.

Elaeagnus multiflora
(Essbare Ölweide, Reichblütige Ölweide)

Beschreibung: Elaeagnus multiflora, die Essbare Ölweide, ist ein Strauch von 3 bis 5 m Wuchshöhe und 1,5 bis 3 m Wuchsbreite. Sie wächst oft mehrstämmig und aufrecht breitkronig. Die Blätter der Essbaren Ölweide sind 6 bis 8 cm lang und von elliptischer Form; sie sind oberseits stumpfgrün und unterseits silbrig- bis graugrün gefärbt. Die leuchtend weißen bis leuchtend silbrigen Blüten erscheinen im Mai. Die reifen, etwa 1,5 cm langen Steinfrüchte variieren in der Farbe zwischen Braun, Rot, Purpur, Rosa und Lila.
Standort: An den Standort stellt Elaeagnus multiflora keine besonderen Ansprüche.
Verwendung: Benutzt wird die Reichblütige Ölweide hauptsächlich als Solitär- und Gruppengehölz, als Strauch- und Blütenhecke.

Abteilung 9: Gehölze mit elliptischen (ovalen) Blättern

Euonymus alatus 'Compactus' (Korkflügelstrauch 'Compacta', Flügel-Spindelbaum 'Compacta')

Beschreibung: Euonymus alatus 'Compactus', der Korkflügelstrauch 'Compacta', gehört mit einer Wuchshöhe von ca. 1 bis 1,5 m zu den Zwergsträuchern. Er wächst rundkronig, breit und ausladend. Auf den älteren Ästen und Zweigen trägt er kantige Korkleisten. Die elliptischen bis verkehrt eiförmigen Blätter sind 3 bis 7 cm lang und grün gefärbt. Die Herbstfärbung ist leuchtend rot. Die blassgelben bis blassgrünen Blüten erscheinen Anfang Mai bis Ende Juni.
Standort: Der Korkflügelstrauch 'Compacta' ist ein Flachwurzler und stellt an den Standort keine besonderen Ansprüche; der pH-Wert sollte zwischen schwach sauer bis schwach alkalisch liegen. Sein Lichtbedarf reicht von sonnig bis halbschattig.
Verwendung: Verwendet wird Euonymus alatus 'Compactus' im Siedlungsbereich hauptsächlich als Zierstrauch (Herbstfärbung, Korkleisten) für die Bepflanzung von Vor-, Haus- und Atriumgärten, Straßenräumen, Fußgängerzonen und Parkplätzen sowie zur Begrünung von Mauerkronen und Gräbern und als Rhododendron- und Rosenbegleiter.

Abteilung 9: Gehölze mit elliptischen (ovalen) Blättern

Euonymus fortunei 'Emerald'n Gold'
(Gelbbunte Kriechspindel, Kriechspindel, Spindelstrauch)

Beschreibung: Euonymus fortunei 'Emerald'n Gold' ist ein Zwerg-Strauch bis Klein-Strauch von 0,3 bis 0,7 m Wuchshöhe (höherer Wuchs ist möglich, wenn Euonymus fortunei 'Emerald'n Gold' klettern kann). Die Gelbbunte Kriechspindel wächst rund bis niederliegend und kann mittels Haftwurzeln auch klettern. Ihre immergrünen, 3 bis 5 cm langen, elliptischen bis eiförmigen Blätter sind im Sommer gelb und im Winter braunrot gefärbt. Die Blüten erscheinen Anfang Juni bis Ende Juli in Trugdolden. Die Blütenfarbe variiert von blassgrün bis blassgelb.
Standort: Die Gelbbunte Kriechspindel ist ein Flachwurzler. An den Boden stellt sie keine besonderen Ansprüche. Der pH-Wert sollte zwischen schwach sauer bis alkalisch liegen, sie bevorzugt einen sonnigen Standort.
Verwendung: Benutzt wird Euonymus fortunei 'Emerald'n Gold' im Siedlungsbereich zur Flächenbegrünung und zur Unterpflanzung von lichten Gehölzen sowie für Wandbegrünungen.

Abteilung 9: Gehölze mit elliptischen (ovalen) Blättern

Gaultheria procumbens
(Rote Teppichbeere, Scheinbeere)

Beschreibung: Gaultheria procumbens ist ein kriechend wachsender Zwerg-Strauch und erreicht eine Höhe von ca. 20 cm. Die immergrünen Blätter sind elliptisch bis verkehrt eiförmig geformt, 1 bis 3 cm lang, glänzend grün und, besonders im Winter, auch rötlich. Die weißlichrosa Blüten hängen im Juli und August einzeln oder in kleinen Trauben zusammen, woraus sich im Herbst ca. 8 bis 15 mm dicke, runde, leuchtend rote Scheinbeeren bilden.

Standort: Die Rote Teppichbeere ist ein Flachwurzler und bildet Wurzelausläufer. Sie braucht frischen bis feuchten, humosen und sauren Boden. Der Standort sollte halbschattig bis schattig sein.

Verwendung: Verwendet wird Gaultheria procumbens im Siedlungsbereich hauptsächlich als immergrüner Bodendecker aber auch zur Bepflanzung von Gefäßen.

Genista tinctoria
(Färber-Ginster)

Beschreibung: Genista tinctoria ist ein aufrecht und dicht verzweigt wachsender Klein-Strauch mit einer Höhe von 0,3 bis 1 m. Die 1 bis 2,5 cm langen, elliptischen bis linealischen Blätter sind von grüner Farbe und ungeteilt. Anfang Juni bis Ende August stehen 5 bis 6 cm große, tiefgelbe Blüten in Trauben zusammen.
Standort: Der Färber-Ginster ist ein Flach-, Pfahl- oder Tiefwurzler. Er braucht einen extrem trockenen bis trockenen Boden, der mittel- bis tiefgründig und nährstoffarm bis sehr nährstoffarm sein sollte. Der pH-Wert kann zwischen leicht sauer und alkalisch rangieren. Der Standort sollte vollsonnig bis sonnig sein.
Verwendung: Genista tinctoria wird in der Landschaft als Pioniergehölz eingesetzt. Man nutzt ihn u. a. als Bodenverbesserer (Stickstoffsammler), zur Haldenbegrünung, zur Hangbefestigung und als Bienennährgehölz. Im privaten Bereich wird der Färber-Ginster sehr vielfältig eingesetzt, z. B. zur Grabbepflanzung, in Stein- und Heidegärten, als Einfassungspflanze, in Bauerngärten und auf Mauerkronen.

Abteilung 9: Gehölze mit elliptischen (ovalen) Blättern

Hedera colchica 'Arborescens'
(Kolchischer Efeu, Kaukasus-Efeu)

Beschreibung: Hedera colchica 'Arborescens' ist ein langsamwüchsiger Kleinstrauch, der eine Höhe von ca. 1,5 m erreicht. Die immergrünen Blätter sind elliptisch bis eiförmig, 12 bis 15 cm lang und dunkelgrün gefärbt. Anfang September bis Ende Oktober blüht der Kolchische Efeu. Die weißen Blüten stehen in Dolden zusammen. Im darauf folgenden Frühjahr (März bis April) reifen die Früchte zu länglich eiförmigen bis kugeligen, schwarzen Beeren heran.
Standort: Der Kolchische Efeu ist ein Flachwurzler. Er braucht humose, trockene bis frische, leicht saure bis alkalische Böden; der Standort sollte absonnig bis schattig sein.
Verwendung: Im Siedlungsbereich verwendet man den Kolchischen Efeu zur flächendeckenden Bepflanzung von Gehölzrändern und Unterholz, zur Bepflanzung von Mauerkronen, von Grabstätten, Pflanzgefäßen und auch als Solitärgehölz (seltene Pflanze mit hohen Ansprüchen!).

Abteilung 9: Gehölze mit elliptischen (ovalen) Blättern

Hypericum androsaemum 'Autumn Blaze'
(Mannsblut)

Beschreibung: Hypericum androsaemum 'Autumn Blaze' ist ein Zwerg-Strauch bis Klein-Strauch mit einer Wuchshöhe von ca. 1 m und straff aufrecht wachsenden Zweigen. Die grünen, 4 bis 6 cm großen, elliptischen bis eiförmigen Blätter sind immergrün und stehen gegenständig am Ast. Hypericum androsaemum 'Autumn Blaze' blüht von Anfang Juni bis Ende September mit dunkelgelber Farbe. Die Blüten stehen in Trugdolden zusammen; die einzelne Blüte ist ca. 2,5 cm groß.
Standort: Das Mannsblut ist ein Flachwurzler. An den Boden stellt es keine besonderen Ansprüche; der pH-Wert sollte zwischen schwach sauer und alkalisch liegen; sonnige bis halbschattige Standorte sind ideal.
Verwendung: Das Mannsblut wird im Siedlungsbereich hauptsächlich für Randeinfassungen, Grabbepflanzungen und als Rosenbegleiter benutzt.

Abteilung 9: Gehölze mit elliptischen (ovalen) Blättern

Hypericum calycinum
(Johanniskraut, Immergrünes Johanniskraut)

Beschreibung: Hypericum calycinum ist ein Zwerg-Strauch bzw. Halbstrauch von 0,2 bis 0,3 m Höhe (in Ausnahmefällen bis 0,5 m Höhe), der straff aufrecht wächst mit leicht überhängenden Triebspitzen. Die wintergrünen, ledrigen Blätter sind elliptisch bis eiförmig, auf der Oberseite tiefgrün und unterseits blaugrün gefärbt. Hypericum calycinum blüht von Juli bis September mit auffallenden, einzeln stehenden, 5 bis 7 cm breiten, goldgelben Blüten.
Standort: Das Johanniskraut ist ein Flachwurzler und bildet viele Ausläufer. Es gedeiht auf allen normalen Gartenböden, ist aber etwas frostgefährdet. Der Standort kann sonnig bis schattig sein.
Verwendung: Im Siedlungsbereich benutzt man das Johanniskraut als Bodendecker sowohl in sonnigen Bereichen als auch unter Bäumen im Vollschatten. Man benutzt es auch als Gruppengehölz und zum Bepflanzen von Böschungen.

Ligustrum vulgare
(Liguster, Rainweide)

Beschreibung: Ligustrum vulgare ist ein 5 bis 7 m hoch wachsender Groß-Strauch; er wächst dichtbuschig und bildet Ausläufer. Die dunkelgrünen, elliptischen bis lanzettlichen Blätter sind 5 bis 6 cm lang und sitzen gegenständig am Ast. Die kleinen, weißen Blüten stehen im Juni und Juli in Rispen zusammen; die schwarzen, etwa 0,6 bis 0,8 cm langen, eiförmigen Früchte reifen im Oktober und sind giftig.
Standort: Der Liguster ist ein Flachwurzler mit sehr hohem Feinwurzelanteil. An den Boden stellt er keine besonderen Ansprüche, der Standort kann sonnig bis halbschattig sein.
Verwendung: In privaten Gärten wird Ligustrum vulgare hauptsächlich als Heckenpflanze und Formgehölz eingesetzt; in der Landschaft wird er bevorzugt als Pioniergehölz zur Hangbefestigung und Haldenbegrünung, als Wind-, Sicht- und Vogelschutzgehölz sowie als Bienenweide benutzt.

Abteilung 9: Gehölze mit elliptischen (ovalen) Blättern

Lonicera x brownii 'Dropmore Scarlet'
(Geißblatt 'Dropmore Scarlet', Rote Geißschlinge)

Beschreibung: Lonicera x brownii 'Dropmore Scarlet', das Geißblatt 'Dropmore Scarlet', gehört zur Familie Caprifoliaceae (Geißblattgewächse) und ist ein Schlinger. Es erreicht eine Höhe von 2 bis 3 m (in Ausnahmefällen bis zu 5 m). Die sommergrünen Blätter sind oberseits dunkelgrün, unterseits sind sie blaugrün gefärbt. Sie werden 6 bis 8 cm lang und haben eine elliptische Form. Die roten bis orangeroten, röhrenförmigen Blüten stehen sehr zahlreich zu mehreren in Quirlen zusammen. Sie werden etwa 4 cm lang und duften. Die Blütezeit reicht von Juni bis September.
Standort: Das Geißblatt 'Dropmore Scarlet' braucht humose, gleichbleibend frische, neutrale bis alkalische Böden; der Standort sollte im lichten Schatten bis Halbschatten liegen.
Verwendung: Im Siedlungsbereich verwendet man Lonicera x brownii 'Dropmore Scarlet' zur Begrünung von Mauern, Lauben, Pergolen und Zäunen sowie zur Unterpflanzung von größeren Gehölzen.

Lonicera x heckrottii
(Geißblatt 'Heckrottii', Feuer-Geißschlinge)

Beschreibung: Lonicera x heckrottii gehört zur Familie Caprifoliaceae (Geißblattgewächse) und ist ein Schlinger mit einer Kletterhöhe von 3 bis 4 m. Die sommergrünen Blätter sind bläulichgrün gefärbt und werden bis 8 cm lang; sie stehen gegenständig am Ast und haben eine breit elliptische Ausprägung. Die obersten Blattpaare sind am Blattgrund verwachsen. Die röhrenförmigen Blüten stehen kronenförmig zu mehreren an den Zweigenden zusammen. Sie werden 3 bis 4 cm lang, sind außen pupurrot und innen gelb gefärbt. Die Blütezeit reicht von Juni bis September. Die Blüten verströmen einen intensiven Duft.
Standort: Die Feuer-Geißschlinge braucht humose, frische bis feuchte, schwach saure bis alkalische Böden; der Standort sollte im lichten Schatten bis Halbschatten liegen.
Verwendung: Im Siedlungsbereich verwendet man die Feuer-Geißschlinge zur Begrünung von Mauern, Lauben, Pergolen und Zäunen sowie zur Unterpflanzung von größeren Gehölzen.

Abteilung 9: Gehölze mit elliptischen (ovalen) Blättern

Lonicera x tellmanniana
(Gold-Geißschlinge, Gold-Geißblatt)

Beschreibung: Lonicera x tellmanniana, die Gold-Geißschlinge, ist ein Schlinger. Sie erreicht eine Höhe von 4 bis 6 m (in Ausnahmefällen auch noch 1 bis 2 m mehr). Die sommergrünen Blätter sind oberseits mattgrün, unterseits sind sie bläulichweiß gefärbt. Sie werden 5 bis 10 cm lang und sind breit elliptisch geformt. Die leuchtend orangegelben, röhrenförmigen Blüten stehen in Quirlen an den Zweigenden zusammen. Sie werden 4 bis 4,5 cm lang und duften sehr stark. Die Blütezeit reicht von Anfang Juni bis Ende Juli.
Standort: Die Gold-Geißschlinge braucht mäßig trockene bis frische, nährstoffreiche Substrate. Sie verträgt Sonne bis lichten Schatten.
Verwendung: Im Siedlungsbereich verwendet man Lonicera x tellmanniana zur Begrünung von Mauern, Lauben, Pergolen und Zäunen sowie zur Unterpflanzung von größeren Gehölzen.

Abteilung 9: Gehölze mit elliptischen (ovalen) Blättern

Lonicera nitida 'Maigrün' (Heckenmyrte, Immergrüne Heckenkirsche, Immergrüne Strauch-Heckenkirsche 'Maigrün')

Beschreibung: Lonicera nitida 'Maigrün' ist ein Klein-Strauch mit einer Wuchshöhe von 1 bis 1,5 m. Die Krone ist dicht und vieltriebig mit teilweise überhängenden Zweigen. Die immergrünen Blätter sind elliptisch bis eiförmig, ca. 1,5 cm lang und oberseits glänzend grün. Die Heckenmyrte blüht im Mai. Die weißen Blüten sind relativ unscheinbar.

Standort: Die Immergrüne Heckenkirsche ist ein Flachwurzler. An den Boden stellt sie keine besonderen Ansprüche; der Standort kann sonnig bis schattig sein.

Verwendung: Im Siedlungsbereich wird Lonicera nitida 'Maigrün' besonders zur Unterpflanzung Schatten werfender Gehölze, zur Einfassung anderer Pflanzen, als niedrige Hecke und zur Bepflanzung von Kübeln und Dachgärten benutzt.

Magnolia tripetala
(Schirm-Magnolie)

Beschreibung: Magnolia tripetala ist ein 5 bis 12 m hoher Groß-Strauch bis Klein-Baum, der aufrecht und breitkronig wächst. Die 30 bis 60 cm langen, elliptisch bis verkehrt eiförmigen Blätter sind oberseits grün und auf der Unterseite hellgrün gefärbt. Die Herbstfärbung ist gelb. Die im Mai erscheinenden blassweißen Blüten sind 20 bis 25 cm lang; die Blütezeit reicht bis in den Juli hinein. Die Farbe der walzenförmigen Früchte reicht von Orange bis Rosa.
Standort: Die Schirm-Magnolie wurzelt sowohl flach als auch tief. Sie braucht normale, lockere Böden mit mittleren bis hohen Humusgehalten und sauren bis schwach alkalischen pH-Werten. Sie ist nur mäßig frosthart und spätfrostgefährdet; sie braucht deshalb einen geschützten Platz.
Verwendung: In privaten Gärten wird Magnolia tripetala meist als Solitärgehölz verwendet; in Parks und in der Landschaft wird sie aber auch zur Gruppenpflanzung eingesetzt.

Abteilung 9: Gehölze mit elliptischen (ovalen) Blättern

Prunus avium (Vogelkirsche, Wildkirsche)

Beschreibung: Prunus avium ist ein Baum bis Groß-Baum mit einer Höhe von 15 bis 25 m, der kegelförmig, breitkronig und aufrecht wächst. Die 6 bis 15 cm langen, dunkelgrünen Blätter sind elliptisch (manchmal auch lanzettlich) geformt. Die Herbstfärbung zeigt sich in roter, oranger und gelber Farbe. Im April entfalten sich die weißen Blüten; ihr Durchmesser beträgt 2 bis 2,5 cm. Im Juli bis August reifen die länglich eiförmigen bis runden, rotbraunen, etwa 1 cm großen Steinfrüchte heran.
Standort: Die Vogelkirsche wurzelt sowohl flach als auch herzförmig. Sie stellt keine besonderen Ansprüche an den Boden; allerdings ist sie kalkliebend und empfindlich gegenüber Staunässe. Der pH-Wert des Bodens sollte leicht bis stark alkalisch sein.
Verwendung: Verwendet wird Prunus avium hauptsächlich in der Landschaft als Vogel- und Bienennährgehölz sowie als Wald- und Straßenbaum.

Abteilung 9: Gehölze mit elliptischen (ovalen) Blättern

Prunus cerasifera 'Nigra' (Blut-Pflaume)

Beschreibung: Prunus cerasifera 'Nigra' ist ein baumartig wachsender Groß-Strauch; die Krone ist rundlich offen und 5 bis 7 m hoch. Die elliptischen bis eiförmigen Blätter sind vom Austrieb bis zum Herbst schwarzrot gefärbt. Im März entfalten sich einfache, weiße Blüten. Die eiförmigen, gelben bis roten Früchte sind 2 bis 3 cm dick.
Standort: Die Blut-Pflaume wurzelt tief und ausgebreitet. Sie braucht normale Gartenböden mit schwach sauren bis schwach alkalischen pH-Werten. Sie ist trockenheitsresistent.
Verwendung: Prunus cerasifera 'Nigra' findet im Siedlungsbereich und in öffentlichen Grünanlagen als Zierstrauch (Laub) breite Verwendung; man setzt sie sowohl einzeln als auch in Gruppen ein.

Prunus laurocerasus (Lorbeerkirsche)

Beschreibung: Prunus laurocerasus ist ein Strauch mit meistens breitbuschigem Wuchs. Die Wuchshöhen variieren innerhalb der Sorten zwischen 1 und ca. 3 m. Die immergrünen Blätter sind glänzend dunkelgrün, elliptisch bis eiförmig und 5 bis 15 cm lang. Die Blütezeit reicht von Mai bis Juni; die weißen Blüten stehen aufrecht in Trauben. Im Spätsommer reifen schwarzrote, kirschähnliche, etwa 1 cm große Steinfrüchte; sie sind giftig!
Standort: Die Lorbeerkirsche ist ein Tiefwurzler und braucht humose, nahrhafte Böden mit pH-Werten, die zwischen schwach sauer und alkalisch liegen. Der Standort kann sonnig bis schattig sein.
Verwendung: Im Siedlungsbereich benutzt man die Lorbeerkirsche als Sicht- und Lärmschutzhecke, zur Unterpflanzung schattiger Partien sowie auch als Solitärgehölz in schattigen und vollschattigen Bereichen.

Abteilung 9: Gehölze mit elliptischen (ovalen) Blättern

Salix caprea (Sal-Weide, Palm-Weide)

Beschreibung: Salix caprea ist ein 5 bis 8 m hoch wachsender Groß-Strauch mit oft mehrstämmiger Krone. Die bis zu 10 cm großen, elliptisch geformten Blätter sind auf der Oberseite stumpfgrün und unterseits silbriggrau gefärbt und behaart. Die zweihäusigen Blüten erscheinen zwischen Anfang März und Anfang Mai, zunächst silber-, später gelb- bis grüngelbfarben, in Form von 4,5 bis 7 cm langen Kätzchen.
Standort: Die Sal-Weide ist ein Flachwurzler mit weit reichendem Wurzelsystem; der Boden sollte frisch bis feucht sein und pH-Werte zwischen stark sauer bis schwach alkalisch aufweisen. Der Standort kann vollsonnig bis leicht schattig sein.
Verwendung: Salix caprea wird in der Landschaft vorwiegend als Pioniergehölz zur Haldenbegrünung, Hang- und Uferbefestigung sowie als Lärmschutz und Bienennährgehölz eingesetzt. Im Siedlungsbereich wird die Sal-Weide vor allem zur Rahmen- und Gruppenpflanzung, als hohe Hecke und zur Bepflanzung von Bachläufen und Teichrändern benutzt.

Salix caprea 'Pendula'
(Hänge-Kätzchen-Weide, Hängende Kätzchen-Weide))

Beschreibung: Salix caprea 'Pendula' ist ein 1,5 bis 2,5 m hoch wachsender Strauch mit schirmförmig überhängender Krone. Die bis zu 10 cm langen, elliptisch bis lanzettlich geformten Blätter sind stumpfgrün und unterseits behaart. Die zweihäusigen Blüten erscheinen zwischen Anfang März und Ende April, zunächst silber-, später gelbbis grüngelbfarben, in Form von 4,5 bis 5 cm langen Kätzchen.
Standort: Die Hänge-Kätzchen-Weide ist ein Flachwurzler; an den Boden stellt sie keine besonderen Ansprüche. Der Standort kann vollsonnig bis leicht schattig sein.
Verwendung: Salix caprea 'Pendula' wird im privaten Bereich sehr vielfältig eingesetzt, z. B. als Solitärgehölz in Kübeln und Trögen, in Heidegärten, an Teichufern und als Rosenbegleiter.

Skimmia japonica
(Frucht-Skimmie, Japanische Skimmie)

Beschreibung: Skimmia japonica ist ein 0,6 bis 1 m hoch wachsender Klein-Strauch mit breitbuschig, kompakt wachsender Krone. Die ca. 12 cm langen, immergrünen Blätter der Frucht-Skimmie sind elliptisch geformt, oberseits glänzend grün und unterseits gelblichgrün gefärbt. Die gelblichweißen Blüten erscheinen im Mai in ca. 8 cm langen Rispen. Die ca. 1 cm großen, leuchtend roten Früchte reifen im September und haften sehr lange.
Standort: Die Frucht-Skimmie ist ein Flachwurzler. Sie bevorzugt frische bis feuchte, humose und nährstoffreiche Böden. Der Standort sollte sonnig bis halbschattig sein.
Verwendung: Im Siedlungsbereich wird die Japanische Skimmie als Gruppengehölz und zur Flächenbegrünung sowie als Unterpflanzung größerer Gehölze eingesetzt. Darüber hinaus wird sie zur Winterbepflanzung von Balkonkästen und Schalen sehr häufig benutzt.

Abteilung 9: Gehölze mit elliptischen (ovalen) Blättern

Skimmia japonica 'Foremanii' (Blüten-Skimmie)

Beschreibung: Skimmia japonica 'Foremanii' ist ein 0,3 bis 0,5 m hoch wachsender Zwerg-Strauch mit breitbuschig und dicht wachsender Krone. Die ca. 10 cm langen, immergrünen Blätter der Blüten-Skimmie sind elliptisch geformt, oberseits glänzend grün und unterseits gelblichgrün gefärbt. Die weißrosa Blüten erscheinen im April bis Mai in ca. 10 cm langen, endständigen Rispen. Die kugeligen, scharlachroten Früchte reifen im September und haften sehr lange.
Standort: Die Blüten-Skimmie ist ein Flachwurzler. Sie bevorzugt frische bis feuchte, humose und nährstoffreiche Böden. Die Standorte sollten sonnig bis halbschattig sein.
Verwendung: Im Siedlungsbereich wird Skimmia japonica 'Foremanii' als Gruppengehölz und zur Flächenbegrünung sowie als Unterpflanzung größerer Gehölze eingesetzt. Darüber hinaus wird sie zur Winterbepflanzung von Balkonkästen und Schalen sehr häufig benutzt.

Abteilung 9: Gehölze mit elliptischen (ovalen) Blättern

Stachyurus praecox (Japanische Schweifähre)

Beschreibung: Stachyurus praecox, die Japanische Schweifähre, ist ein 2 bis 4 m hoch wachsender Strauch. Die Blätter sind elliptisch bis eiförmig, grün gefärbt und 4 bis 14 cm lang. Die hellgelben Blüten sitzen in hängenden Ähren zusammen. Die Ähren können eine Länge von 5 bis 8 cm erreichen, manchmal sind sie auch noch deutlich länger. Die Blütezeit reicht von Anfang März bis Ende April.
Standort: Die Japanische Schweifähre braucht trockene bis frische, mittelgründige Böden mit mäßig sauren bis alkalischen pH-Werten. Der Standort sollte absonnig bis halbschattig sein.
Verwendung: Stachyurus praecox wird noch selten als exotisches Blütengehölz in Einzelstellung eingesetzt. Zu beachten ist, dass die Japanische Schweifähre nur mäßig frosthart und besonders spätfrostgefährdet ist.

Syringa microphylla 'Superba'
(Herbst-Flieder, Öfterblühender Flieder)

Beschreibung: Syringa microphylla 'Superba' ist ein aufrecht und breitbuschig wachsender Klein-Strauch. Er erreicht eine Höhe von 1,0 bis 1,5 m. Die elliptisch bis rundlich geformten, ca. 4 cm großen Blätter sind oberseits dunkelgrün und unterseits graugrün gefärbt. Die rosaroten, stark duftenden Blüten stehen in ca. 7 bis 12 cm großen Rispen zusammen und blühen von Anfang Juni bis Ende Oktober.
Standort: Der Herbst-Flieder ist ein Flachwurzler mit feinem Wurzelsystem. Er braucht gut durchlässige Böden mit schwach sauren bis stark alkalischen pH-Werten. Der Standort sollte sonnig sein.
Verwendung: Verwendet wird Syringa microphylla 'Superba' im Siedlungsbereich vor allem als Blütengehölz im Einzelstand und als Gruppengehölz.

Abteilung 9: Gehölze mit elliptischen (ovalen) Blättern

Viburnum x bodnantense 'Dawn'
(Duftender Winter-Schneeball, Winter-Schneeball)

Beschreibung: Viburnum x bodnantense 'Dawn' ist ein starktriebig und sparrig verzweigt wachsender Groß-Strauch mit einer Wuchshöhe von bis zu 3 m. Die Blätter sind 3 bis 10 cm lang, von elliptischer Form, oberseits grün und unterseits hellgrün gefärbt. Die Blüten stehen am mehrjährigen Holz in Büscheln von 5 bis 7 cm Durchmesser zusammen. Sie sind zunächst tiefrosa gefärbt, verblassen aber später und duften sehr stark. Die Blütezeit reicht von Oktober bis März.
Standort: Der Winter-Schneeball kann sowohl tief als auch flach wurzeln. Er braucht feuchte, kultivierte Böden mit sauren bis schwach alkalischen pH-Werten auf sonnigen bis halbschattigen Standorten.
Verwendung: In Gärten wird Viburnum x bodnantense 'Dawn' als Zierstrauch in Einzelstellung oder in Gemeinschaft mit anderen Blütensträuchern verwendet.

211

Viburnum davidii
(Davids Schneeball, Immergrüner Kissen-Schneeball)

Beschreibung: Viburnum davidii ist ein Zwerg-Strauch, der dicht verzweigt und kissenförmig wächst. Er erreicht im Alter eine Höhe von etrwa 0,5 m, dabei ist er deutlich breiter als hoch. Die immergrünen Blätter sind 5 bis 15 cm lang, elliptisch geformt und dunkelgrün glänzend. Die rosaweißen Blüten stehen von Mai bis Juni in bis zu 8 cm breiten, flachen Dolden zusammen. Ab September reifen eirunde, dunkelblau bereifte Früchte heran.
Standort: Das Wurzelsystem des Immergrünen Kissen-Schneeballs ist flach. Er braucht frische, humose und saure Gartenerden; Kalk ist absolut zu vermeiden. Der Standort sollte absonnig bis halbschattig sein.
Verwendung: Im Siedlungsbereich wird Viburnum davidii einzeln oder in Gruppen als Zierstrauch verwendet. Unter Gehölzen setzt man ihn auch als Bodendecker ein. Zu beachten ist, dass er außerhalb des Weinbauklimas vor stärkerem Frost geschützt werden muss, da er nur bedingt frosthart ist.

Vinca minor
(Kleines Immergrün, Immergrün)

Beschreibung: Vinca minor ist ein kriechend wachsender Zwerg-Strauch, der sich stark durch Bewurzelung von Seitenästen verbreitet. Das Immergrün erreicht eine Höhe von ca. 15 cm. Die immergrünen Blätter sind elliptisch geformt, 2 bis 4 cm lang und dunkelgrün glänzend. Die 2 bis 3 cm großen, blauen Blüten leuchten zwischen den grünen Blättern von Mai bis Ende September.
Standort: Vinca minor ist ein Flachwurzler; an den Boden stellt es keine besonderen Ansprüche. Der Standort kann sonnig bis schattig sein.
Verwendung: Verwendet wird Vinca minor im Siedlungsbereich als Bodendecker, besonders zur Unterpflanzung von Gehölzen.

Weigela florida 'Nana Variegata'
(Hoher Glockenstrauch 'Nana Variegata')

Beschreibung: Weigela florida 'Nana Variegata' ist ein 1,5 bis 1,75 m hoch wachsender Strauch. Er wächst aufrecht und dicht mit eiförmiger bis runder Krone und leicht überhängenden Zweigen. Die elliptischen bis eiförmigen Blätter sind 6 bis 12 cm lang. Die Blattränder haben eine weiße, hellgrüne oder hellgelbe Färbung. Anfang Mai bis Ende Juni erscheinen glockenförmige, blassweiße bis blassrosa Blüten, die eine Länge von 2 bis 2,5 cm erreichen.
Standort: Der Hohe Glockenstrauch 'Nana Variegata' hat ein weit reichendes Wurzelsystem. Er verträgt keine Bodenverdichtung, braucht saure bis schwach alkalische pH-Werte und hohe Nährstoffgehalte. Der Standort sollte sonnig bis absonnig sein.
Verwendung: Im Siedlungsbereich wird Weigela florida 'Nana Variegata' besonders als Blüten- und Strauchhecke sowie als Solitärgehölz eingesetzt.

Abteilung 9: Gehölze mit elliptischen (ovalen) Blättern

Weigela-Hybride 'Eva Rathke'
(Weigelie 'Eva Rathke')

Beschreibung: Weigela-Hybride 'Eva Rathke' ist ein ca. 1,5 m hoch wachsender Strauch. Sie wächst straff aufrecht mit dichter, eiförmiger bis runder Krone und leicht überhängenden Zweigen. Die elliptischen bis eiförmigen Blätter haben eine hellgrüne Farbe und sind 6 bis 8 cm lang. Anfang Juni bis Ende August blühen leuchtend rote, ca. 4 cm lange, glockenförmige Blüten mit hellrotem Schlund.
Standort: Die Weigelie 'Eva Rathke' verträgt keine Bodenverdichtung; der pH-Wert sollte zwischen sauer bis schwach alkalisch rangieren, der Boden sollte nährstoffreich sein. Ein sonniger bis vollsonniger Standort ist von Vorteil.
Verwendung: Im Siedlungsbereich wird die Weigela-Hybride 'Eva Rathke' als Solitärgehölz, für Rahmenpflanzungen sowie in Blüten- und Strauchhecken eingesetzt.

ABTEILUNG 10

Gehölze mit dreieckigen, rhombischen und fächerartigen Blättern

Betula pendula (Sand-Birke, Weiß-Birke): S. 217

Ginkgo biloba (Fächerblattbaum, Ginkgo, Ginkgobaum): S. 218

Populus nigra 'Italica' (Säulen-Pappel): S. 219

Abteilung 10: Gehölze mit dreieckigen, rhombischen und fächerartigen Blättern

Betula pendula (Sand-Birke, Weiß-Birke)

Beschreibung: Betula pendula, in deutscher Sprache Sand-Birke oder auch Weiß-Birke genannt, erreicht eine Höhe von 20 bis 30 m und gehört damit zu den Groß-Bäumen. Die Blätter der Sand-Birke sind dreieckig und werden 3 bis 7 cm lang; im Herbst sind sie goldgelb gefärbt. Die Rinde ist zunächst weiß-grau und glatt, im Alter bekommt sie schwarze, borkige Risse. Bei den Blüten fallen nur die grüngelben Kätzchen auf (männliche Blüten); die Blütezeit reicht von Mitte März bis Ende April.
Standort: Betula pendula ist ein Herzwurzler mit flach ausstreichenden Seitenwurzeln und einem sehr hohen Feinwurzelanteil in den obersten Bodenschichten. Die Sand-Birke gedeiht auf allen frischen bis feuchten Böden mit pH-Werten zwischen sauer und neutral. Die Ansprüche an die Lichtintensität sind hoch; sie braucht einen sonnigen Standort.
Verwendung: In der Landschaft wird Betula pendula als Pioniergehölz und Straßenbaum eingesetzt; im Siedlungsbereich setzt man sie als Straßen- und Alleebaum sowie als Solitär- und Gruppengehölz ein. In Gärten ist sie oft der Hausbaum.

Ginkgo biloba (Fächerblattbaum, Ginkgo, Ginkgobaum)

Beschreibung: Ginkgo biloba ist ein bis zu 30 m hoch wachsender Groß-Baum mit sehr variabler Kronenform. Der Ginkgo bildet keine Nadeln, sondern fächerartige Laubblätter aus. Trotzdem zählt man ihn zu den Nadelgehölzen, da er (wie die Nadelgehölze) zur Gruppe der Nacktsamer (Gymnospermae) gehört. Die Blätter sind von frischgrüner Farbe und bis zu 8 cm lang. Vor dem Blattabfall bekommen sie eine strahlend gelbe Herbstfärbung. Der Ginkgo ist zweihäusig. Im Alter von ca. 20 Jahren reifen auf den weiblichen Bäumen zwischen September und November etwa 2,5 cm große, mirabellenähnliche Steinfrüchte. Im reifen Zustand sind sie von gelber Farbe, unangenehm riechend, aber essbar.
Standort: Der Ginkgo ist ein Herz- bis Tiefwurzler. Er braucht mäßig trockene bis feuchte Böden mit sauren bis alkalischen pH-Werten; Kalk verträgt er ohne Probleme. Der Standort kann vollsonnig bis absonnig sein.
Verwendung: Im Siedlungsbereich wird der Ginkgo als Gruppen- und Solitärgehölz in Gärten, Parkanlagen, Innenhöfen und Alleen eingesetzt.

Populus nigra 'Italica' (Säulen-Pappel)

Beschreibung: Populus nigra 'Italica' ist ein Groß-Baum mit einer Wuchshöhe von bis zu 30 m. Nach ihrem schmal säulenförmigen Wuchs ist die Säulen-Pappel benannt. Ihr Stamm wächst durchgehend und die Seitenäste streben steil nach oben. Die rautenförmigen Blätter werden 4 bis 8 cm groß; sie sind oberseits dunkelgrün und unterseits graugrün gefärbt. Die Blüten der Säulen-Pappel sind zweihäusig. Von März bis April entfalten sich auf den weiblichen Bäumen grüne, etwa 4 bis 10 cm lange Kätzchen; die männlichen Bäume bekommen zur gleichen Zeit rötlichbraune Kätzchen von etwa derselben Größe.
Standort: Populus nigra 'Italica' ist ein Flach- bis Herzwurzler und hat ein weit reichendes Wurzelsystem. Sie benötigt frische bis nasse Böden mit normalen bis hohen Nährstoffgehalten; der pH-Wert sollte zwischen schwach sauer und alkalisch liegen.
Verwendung: Verwendung findet die Säulen-Pappel als Landschaftsgehölz und im Siedlungsbereich besonders bei Sichtschutzpflanzungen, aber man nutzt sie auch als Pionierbesiedler zur Hang- und Uferbefestigung und zur Haldenbegrünung.
Besonderheit: Die durchschnittliche Lebenserwartung der Säulen-Pappel liegt bei ca. 30 Jahren.

ABTEILUNG 11

Gehölze mit herzförmigen Blättern

Actinidia arguta (Scharfzähniger Strahlengriffel, Strahlengriffel, Wilde Kiwi): S. 223

Actinidia chinensis (Chinesischer Strahlengriffel, Kiwi): S. 224

Actinidia kolomikta (Buntblättriger Strahlengriffel, Kiwi): S. 225

Aristolochia macrophylla (Amerikanische Pfeifenwinde, Pfeifenwinde, Pfeifenblume): S. 226

Catalpa bignonioides (Trompetenbaum, Zigarrenbaum, Südlicher Trompetenbaum): S. 227

Abteilung 11: Gehölze mit herzförmigen Blättern

Cercidiphyllum japonicum (Katsurabaum, Kuchenbaum): S. 228

Cercis siliquastrum (Judasbaum, Gemeiner Judasbaum, Herzbaum): S. 229

Corylus avellana (Haselnuss, Wald-Hasel): S. 230

Corylus avellana 'Contorta' (Korkenzieher-Haselnuss, Korkenzieher-Hasel): S. 231

Hydrangea anomala ssp. petiolaris (Kletter-Hortensie): S. 232

Syringa vulgaris (Wild-Flieder, Gemeiner Flieder): S. 233

Abteilung 11: Gehölze mit herzförmigen Blättern

Tilia cordata (Winter-Linde, Stein-Linde): S. 234

Tilia platyphyllos (Sommer-Linde): S. 235

Tilia tomentosa (Silber-Linde): S. 236

Actinidia arguta
(Scharfzähniger Strahlengriffel, Strahlengriffel, Wilde Kiwi)

Beschreibung: Actinidia arguta ist eine mäßig schnellwüchsige Schlingpflanze, die eine Wuchshöhe von 5 bis 12 m erreicht. Die Blätter der Wilden Kiwi sind herzförmig bis fast rund, glänzend dunkelgrün und werden bis 8 cm groß. Die zweihäusigen Blüten sind weiß und eher unscheinbar; die Staubgefäße der männlichen Blüten sind purpurfarben. Stachelbeerartige, grüngelbe Früchte erhält man nur, wenn man zu einer weiblichen Pflanze auch eine männliche setzt.
Standort: Der Scharfzähnige Strahlengriffel ist ein Flachwurzler und braucht nahrhafte, durchlässige Böden auf sonnigen bis halbschattigen Standorten.
Verwendung: Im Siedlungsbereich verwendet man Aktinidia arguta, um Pergolen, Lauben, Spaliere und Mauern zu begrünen.
Hinweis: Die Früchte von Actinidia arguta haben einen 13-mal höheren Vitamin-C-Gehalt als Zitronen!

Abteilung 11: Gehölze mit herzförmigen Blättern

Actinidia chinensis (Chinesischer Strahlengriffel, Kiwi)

Beschreibung: Actinidia chinensis ist eine schnellwüchsige Kletterpflanze, die eine Höhe von 8 bis 10 m erreicht. Die herzförmigen, 6 bis 17 cm großen Blätter sind oberseits dunkelgrün gefärbt und unterseits weißlich behaart. Die zweihäusigen Blüten sind gelb gefärbt und etwa 3,5 cm groß. Sie stehen in Trugdolden zusammen. Auf den weiblichen Pflanzen reifen im Herbst 3 bis 5 cm große, eiförmige Beeren heran. Sie sind behaart und ihre Farbe kann zwischen grüngelb, grünbraun und grünrot variieren.
Standort: Der Chinesische Strahlengriffel stellt an die Böden keine besonderen Ansprüche, die Lichtverhältnisse der Standorte können von sonnig bis absonnig variieren.
Verwendung: Im Siedlungsbereich verwendet man den Chinesischen Strahlengriffel, um Pergolen, Lauben, Spaliere und Mauern zu begrünen. Im Weinbauklima wird er auch als Obstgehölz verwendet.
Hiweis: Actinidia chinensis ist nicht absolut frosthart und kann in harten Wintern stark zurückfrieren, treibt aber in der Regel immer wieder gut durch. Wenn man Kiwis ernten möchte, sollte man darauf achten, neben der weiblichen Pflanze auch eine männliche Kiwi zu pflanzen (auf sechs weibliche eine männliche Pflanze). Die Kletterhilfen sollten nicht stärker als drei Zentimeter sein, da Kiwis mit dem Spross klimmen.

Abteilung 11: Gehölze mit herzförmigen Blättern

Actinidia kolomikta (Buntblättriger Strahlengriffel, Kiwi)

Beschreibung: Actinidia kolomikta ist ein schwach schlingender Kletterstrauch. Er erreicht eine Höhe von 2 bis 3 m. Die herzförmigen, 10 bis 15 cm großen Blätter sind stumpfgrün gefärbt. Bei den männlichen Pflanzen färben sich im Frühsommer die Blätter vom Rand her zunächst weiß, in der Folgezeit rosa und später rot, wodurch die Sträucher sehr attraktiv wirken. Die weiblichen Pflanzen bekommen im Mai bis Juni weiße, duftende Einzelblüten mit ca. 1,5 cm Durchmesser. Im Oktober reifen stachelbeerähnliche, essbare, gelbgrün gefärbte Früchte.
Standort: Der Buntblättrige Strahlengriffel braucht nahrhafte, durchlässige Böden auf sonnigen Standorten.
Verwendung: Im Siedlungsbereich verwendet man die Actinidia kolomikta, um Pergolen, Lauben, Spaliere und Mauern zu begrünen.

Abteilung 11: Gehölze mit herzförmigen Blättern

Aristolochia macrophylla
(Amerikanische Pfeifenwinde, Pfeifenwinde, Pfeifenblume)

Beschreibung: Aristolochia macrophylla ist eine linkswindende Schlingpflanze. Sie erreicht eine Höhe von bis zu 10 m. Die Blätter sind herzförmig, bis zu 30 cm groß und dunkelgrün gefärbt. Die Form der Blüten erinnert an einen Pfeifenkopf. Sie sind gelbgrün und blühen von Mai bis Juli. Die Früchte haben keine Bedeutung.
Standort: Die Pfeifenwinde ist ein Flachwurzler mit fleischigen Wurzeln. Sie braucht normale, ausreichend feuchte Gartenböden auf halbschattigen bis schattigen Standorten.
Verwendung: Im Siedlungsbereich verwendet man die Pfeifenblume, um Pergolen, Lauben und Spaliere zu begrünen.

Catalpa bignonioides
(Trompetenbaum, Zigarrenbaum, Südlicher Trompetenbaum)

Beschreibung: Catalpa bignonioides ist ein Baum mit breiter, rundlicher Krone; er erreicht eine Höhe von ca. 15 m. Die Blätter sind zwischen 10 und 20 cm lang und herzförmig; im Herbst bekommen sie eine gelbe Färbung. Die glockenförmigen Blüten stehen in 15 bis 20 cm langen Rispen zusammen. Die einzelne Blüte ist weiß mit gelb gestreiftem Schlund; sie blühen sehr zahlreich im Juni bis Juli. Nach der Blüte bilden sich bis zu 30 cm lange, gebogene Kapseln, die lange haften bleiben (von diesen Kapseln leitet sich der deutsche Name Zigarrenbaum ab).
Standort: Der Trompetenbaum ist ein Herzwurzler. Er ist sehr bodentolerant, bevorzugt aber frische Böden auf geschützten, sonnigen Standorten. In der Jugend ist er frostanfällig, erwachsen, aber frosthart.
Verwendung: Catalpa bignonioides ist ein Blütengehölz für große Gärten und Parks und wird vorwiegend als Solitärgehölz eingesetzt.

Cercidiphyllum japonicum
(Katsurabaum, Kuchenbaum)

Beschreibung: Cercidiphyllum japonicum ist ein Klein-Baum bis Baum mit zunächst eiförmiger bis runder, später mehr pyramidaler bis schirmförmiger Krone, die häufig mehrstämmig aufgebaut ist. Er erreicht eine Höhe von ca. 12 bis 15 m (in günstigen Lagen auch bis 20 m). Die Blätter sind herzförmig bis rund; im Austrieb sind sie zunächst broncefarben, später mattgrün gefärbt. Die Herbstfärbung deckt alle Gelbtöne bis Scharlachrot ab. Das verwitternde Herbstlaub und auch durch Frost geschädigte Blätter verströmen einen intensiven Geruch nach Zimt und Karamel (daher rührt der deutsche Name Kuchenbaum). Die unscheinbaren zweihäusigen, roten Blüten erscheinen noch vor dem Blattaustrieb im April. Nach der Blüte bilden sich bis zu 5 cm lange Fruchthülsen.

Standort: Der Kuchenbaum ist ein Flach- bis Herzwurzler. Seine Hauptwurzeln verlaufen häufig oberflächennah und können Wegbeläge anheben. Er bevorzugt feuchte, sandig-humose oder lehmig-humose, nährstoffreiche Böden auf sonnigen Standorten mit pH-Werten zwischen sauer und mäßig alkalisch. Er ist empfindlich gegenüber Hitze und Trockenheit.

Verwendung: Cercidiphyllum japonicum ist ein Gehölz für große Gärten und Parks und wird vorwiegend als Solitärgehölz eingesetzt.

Abteilung 11: Gehölze mit herzförmigen Blättern

Cercis siliquastrum
(Judasbaum, Gemeiner Judasbaum, Herzbaum)

Beschreibung: Cercis siliquastrum ist ein Groß-Strauch mit sparrig verzweigter Krone und einer Wuchshöhe von 5 bis 8 m. Die Blätter sind herzförmig, von mattgrüner Farbe und 7 bis 12 cm Länge. Die Herbstfärbung ist goldgelb. Die Blütezeit reicht von April bis Mai; die rosaroten Blüten hängen zu 4 bis 10 Stück in Büscheln zusammen. Bei den Früchten handelt es sich um flache, braune, 10 bis 12 cm lange Hülsen, die lange am Baum haften bleiben.
Standort: Das Wurzelsystem des Judasbaums ist flach ausgebreitet mit wenig verzweigten Hauptwurzeln. Er braucht kalkhaltige Sand- oder Lehmböden auf sonnigen, geschützten Standorten. Er ist extrem hitze- und trockenheitsresistent, aber als junge Pflanze frostempfindlich.
Verwendung: Verwendet wird Cercis siliquastrum hauptsächlich als Solitärgehölz.

Corylus avellana
(Haselnuss, Wald-Hasel)

Beschreibung: Corylus avellana, auch Haselnuss oder Wald-Hasel genannt, gehört mit 5 bis 7 m Höhe zu den Groß-Sträuchern. Sie wächst breit aufrecht und vielstämmig aus der Basis heraus. Die bis zu 10 cm großen Blätter sind herzförmig bis rund und frischgrün; die Herbstfärbung ist gelb bis orange. Die Blütezeit liegt zwischen Anfang Februar und Ende April; sie blüht einhäusig. Die männlichen Kätzchen sind gelb und 3 bis 7 cm lang; die weiblichen Blüten sind klein und unscheinbar.
Standort: Die Wald-Hasel ist ein Flach-Wurzler und stellt keine besonderen Ansprüche an den Boden. Der pH-Wert sollte zwischen neutral und alkalisch liegen.
Verwendung: Im Siedlungsbereich und in der Landschaft wird Corylus avellana als Pioniergehölz benutzt und in fast allen Schutzpflanzungen mit eingesetzt.

Abteilung 11: Gehölze mit herzförmigen Blättern

Corylus avellana 'Contorta'
(Korkenzieher-Haselnuss, Korkenzieher-Hasel)

Beschreibung: Corylus avellana 'Contorta', auch Korkenzieher-Haselnuss genannt, gehört mit ca. 2 bis 5 m Höhe zu den Sträuchern und wächst breit aufrecht und vielstämmig mit verdrehten Ästen und Zweigen aus der Basis heraus. Die 5 bis 10 cm großen Blätter sind herzförmig bis rund, leicht verdreht und von grüner Farbe; die Herbstfärbung ist orange bis gelb. Die Blütezeit liegt zwischen Anfang Februar und Ende April; sie blüht einhäusig. Die männlichen Kätzchen sind gelb gefärbt und 3 bis 7 cm lang; die weiblichen Blüten sind klein und unscheinbar.
Standort: Die Korkenzieher-Hasel ist ein Flachwurzler und stellt keine besonderen Ansprüche an den Boden. Der pH-Wert sollte zwischen neutral und stark alkalisch liegen.
Verwendung: Im Siedlungsbereich wird Corylus avellana 'Contorta' vor allem als Solitär- und Schnittgehölz benutzt; im öffentlichen Grün wird sie sehr vielfältig eingesetzt (Parkanlagen, Parkplätze, Fußgängerzonen, Kübelbepflanzungen u.v.m.).

Hydrangea anomala ssp. petiolaris (Kletter-Hortensie)

Beschreibung: Hydrangea anomala ssp. petiolaris ist ein Haftwurzelkletterer mit kräftigen, spärlich verzweigten Ästen, die eine Höhe von 10 bis 15 m erreicht. Die sommergrünen Blätter sind herzförmig bis eirund, gleichmäßig scharf gesägt und auf der Oberseite glänzend dunkelgrün. Sie erreichen ein Länge von 5 bis 10 cm. Die weißen Blüten stehen in 15 bis 25 cm breiten Trugdolden zusammen; sie entwickeln sich am mehrjährigen Holz. Die Blütezeit reicht von Juni bis Juli; Früchte entwickeln sich nicht.
Standort: Die Kletter-Hortensie braucht sandig-lehmige, frische bis feuchte, saure bis neutrale, kalkfreie aber nährstoffreiche Böden; der Standort kann sonnig bis schattig sein.
Verwendung: Im Siedlungsbereich verwendet man die Kletter-Hortensie zur Begrünung von Mauern und Wänden.
Hinweis: Die Kletter-Hortensie ist stadtklimafest, anspruchslos und frosthart. Der Schnitt sollte bei Bedarf im Februar bis März erfolgen.

Abteilung 11: Gehölze mit herzförmigen Blättern

Syringa vulgaris (Wild-Flieder, Gemeiner Flieder)

Beschreibung: Syringa vulgaris ist mit 4 bis 6 m Wuchshöhe ein Groß-Strauch bis Klein-Baum. Er wächst aufrecht, dicht und unregelmäßig verzweigt. Die 12 bis 15 cm langen, herzförmigen Blätter sind am Ende zugespitzt und von frischgrüner Farbe. Die blauvioletten Blüten erscheinen Ende April bis Anfang Mai sehr zahlreich in 10 bis 20 cm langen Rispen.
Standort: Der Wild-Flieder ist ein Flachwurzler und treibt sehr stark Ausläufer. Er braucht nährstoffreiche, gut durchlässige Böden mit schwach sauren bis stark alkalischen pH-Werten. Der Standort sollte sonnig sein.
Verwendung: Verwendet wird Syringa vulgaris im Siedlungsbereich vor allem für hochwachsende Blütenhecken und als Deckstrauch.

Tilia cordata (Winter-Linde, Stein-Linde)

Beschreibung: Tilia cordata ist ein Groß-Baum mit hochgewölbter und etwas unregelmäßiger Krone, die tief ansetzt. Die Winter-Linde erreicht eine Höhe von 10 bis 30 m. Die bis zu 10 cm langen Blätter sind herzförmig, oberseits glatt dunkelgrün und unterseits bläulichgrün. In den Achseln der Blattadern wächst ein gelblichbrauner Haarflaum. Die duftenden, gelben Blüten erscheinen im Juni bis Juli, meist zu 5 bis 11 Blüten in Trugdolden. Die etwa erbsengroßen Nüsschen reifen ab August.
Standort: Tilia cordata ist ein Tief- bis Herzwurzler mit weit streichenden Wurzeln. Sie braucht mäßig trockene bis frische, tiefgründige und nährstoffreiche Böden mit schwach sauren bis neutralen pH-Werten. Der Standort sollte sonnig bis halbschattig sein. Die Winter-Linde ist empfindlich gegenüber Salzen und mäßig frosthart.
Verwendung: Verwendet wird Tilia cordata in der Landschaft zur Einzelstellung und in Gruppenpflanzungen; im Siedlungsbereich als Straßen-, Hof- und Dorfbaum.

Abteilung 11: Gehölze mit herzförmigen Blättern

Tilia platyphyllos (Sommer-Linde)

Beschreibung: Tilia platyphyllos ist ein Groß-Baum mit hochgewölbter, breiter Krone, die tief ansetzt. Die Sommer-Linde erreicht eine Höhe von 30 bis 40 m. Die 8 bis 15 cm langen Blätter sind herzförmig, oberseits stumpfgrün und unterseits hell- bis graugrün; die Herbstfärbung ist gelb. In den Achseln der Blattadern wächst wenig weißer Haarflaum. Die stark duftenden, gelblichweißen Blüten erscheinen im Juni und sitzen meist zu 3 Blüten in Trugdolden zusammen. Die etwa erbsengroßen Nüsschen reifen ab September. Im Gegensatz zur Winter-Linde sind die jungen Äste behaart.

Standort: Tilia platyphyllos ist ein Tiefwurzler mit intoleranten, weit streichenden Wurzeln. Sie braucht frische bis feuchte, tiefgründige und nährstoffreiche Böden mit schwach sauren bis alkalischen pH-Werten. Der Standort sollte sonnig bis halbschattig sein. Die Sommer-Linde ist empfindlich gegenüber Salzen, Bodenverdichtung und -verschmutzung.

Verwendung: Verwendet wird die Sommer-Linde in der Landschaft zur Einzelstellung und in Gruppenpflanzungen; im Siedlungsbereich pflanzt man sie häufig als Hof- und Dorfbaum.

Abteilung 11: Gehölze mit herzförmigen Blättern

Tilia tomentosa (Silber-Linde)

Beschreibung: Tilia tomentosa, die Silber-Linde, ist ein Großbaum mit regelmäßig breitkegeliger Krone. Sie erreicht eine Höhe von 25 bis 30 m. Die 11 bis 16 cm langen Blätter sind herzförmig, oberseits dunkelgrün und unterseits filzig-weiß. Die Herbstfärbung ist goldgelb. Die stark duftenden, gelbgrünen Blüten erscheinen im Juli, meist zu 7 bis 10 Blüten in Trugdolden hängend. Die länglich eiförmigen Nüsschen reifen ab August.
Standort: Tilia tomentosa ist ein Tiefwurzler mit kräftigen Seitenwurzeln. Sie braucht mäßig trockene bis feuchte, tiefgründige und nährstoffreiche Böden mit schwach sauren bis stark alkalischen pH-Werten. Der Standort sollte sonnig bis halbschattig sein.
Verwendung: Verwendet wird Tilia tomentosa in der Landschaft zur Einzelstellung und in Gruppenpflanzungen; im Siedlungsbereich als Straßen-, Hof- und Dorfbaum.

ABTEILUNG 12

Gehölze mit nadelförmigen Blättern, einzeln stehend

Abies concolor (Kolorado-Tanne, Grau-Tanne): S. 240

Abies koreana (Korea-Tanne, Zapfen-Tanne): S. 241

Abies nobilis 'Glauca' (Edel-Silber-Tanne, Silber-Tanne 'Glauca'): S. 242

Abies nordmanniana (Nordmanns-Tanne, Kaukasus-Tanne): S. 243

Erica carnea (Winterheide, Schneeheide, Winter-Heide, Schnee-Heide): S. 244

Juniperus communis (Gemeiner Wacholder): S. 245

Abteilung 12: Gehölze mit nadelförmigen Blättern, einzeln stehend

Juniperus communis 'Hibernica' (Irischer Säulen-Wacholder): S. 246

Juniperus communis 'Hornibrookii' (Teppich-Wacholder): S. 247

Metasequoia glyptostroboides (Urweltmammutbaum, Chinesisches Rotholz): S. 248

Picea abies (Gewöhnliche Fichte, Rot-Fichte, Gemeine Fichte, Rottanne): S. 249

Picea glauca 'Conica' (Zuckerhut-Fichte, Zwerghut-Fichte): S. 250

Abteilung 12: Gehölze mit nadelförmigen Blättern, einzeln stehend

Picea omorica (Serbische Fichte, Omorika-Fichte): S. 251

Picea pungens 'Glauca' (Blau-Fichte, Blaue Stech-Fichte): S. 252

Pseudotsuga menziesii (Douglasie): S. 253

Taxus baccata (Gewöhnliche Eibe, Gemeine Eibe, Europäische Eibe, Eibe): S. 254

Taxus baccata 'Fastigiata Robusta' (Spitze Säulen-Eibe, Säulen-Eibe Robust): S. 255

Abies concolor (Kolorado-Tanne, Grau-Tanne)

Beschreibung: Abies concolor ist ein Groß-Baum. Die breit kegelförmige Krone hat einen bis zur Spitze durchgehenden Stamm und eine bis zum Boden reichende Beastung. Die Kolorado-Tanne erreicht in Europa ein Höhe von ca. 25 m (in ihrer Heimat bis zu 40 m). Die 4 bis 8 cm langen Nadeln sind beidseitig mattgrün. Die Blüten sind von untergeordneter Bedeutung. Nach etwa 15 bis 20 Jahren bildet sie hellbraune, zylindrische, 12 bis 14 cm lange Zapfen aus.
Standort: Die Kolorado-Tanne ist sowohl Flach- als auch Tiefwurzler. Sie braucht mäßig trockene bis frische, sandig-lehmige Böden, mit schwach sauren bis alkalischen pH-Werten. Der Standort sollte sonnig sein.
Verwendung: Im Siedlungsbereich wird Abies concolor hauptsächlich als Gruppen- und Solitärgehölz eingesetzt.

Abies koreana (Korea-Tanne, Zapfen-Tanne)

Beschreibung: Abies koreana ist ein regelmäßig kegelförmig, 5 bis 15 m hoch wachsender Klein-Baum. Die ca. 2 cm langen Nadeln sind oberseits dunkelgrün und unterseits bläulichweiß gefärbt. Die Nadeln stehen bürstenartig am Ast, sodass die Unterseiten jederzeit sichtbar sind. Die Korea-Tanne bildet schon nach 5 bis 8 Jahren sehr zahlreich Zapfen. Die weiblichen Blüten sind rosa, grünlich oder purpurn gefärbt, die männlichen gelb. Die attraktiven Zapfen leuchten später in dunkelvioletter Farbe; im Spätwinter werden sie braun und zerfallen, um ihre geflügelten Samen zu verbreiten.
Standort: Das Wurzelsystem der Korea-Tanne ist fein und weit reichend. Der Boden sollte frisch und sandig-humos bis lehmig sein; die pH-Werte können von schwach sauer bis alkalisch reichen. Die Korea-Tanne bevorzugt vollsonnige bis leicht schattige Standorte.
Verwendung: Im Siedlungsbereich wird Abies koreana hauptsächlich als Gruppen- und Solitärgehölz eingesetzt; durch ihre Kleinwüchsigkeit eignet sie sich besonders gut für kleinere Gärten.

Abteilung 12: Gehölze mit nadelförmigen Blättern, einzeln stehend

Abies nobilis 'Glauca' (Edel-Silber-Tanne, Silber-Tanne 'Glauca')

Beschreibung: Abies nobilis 'Glauca', die Edel-Silber-Tanne, ist ein Baum mit einer Wuchshöhe von 15 bis 20 m. Ihr Stamm kann bis zur Spitze durchgehend wachsen; häufiger bildet sie aber auch mehrere Stämme aus. Dabei wächst sie zunächst unregelmäßig, bildet aber im Alter in der Regel eine pyramidenförmige Krone. Die blauweißen Nadeln werden bis zu 3,5 cm lang und richten sich bürstenförmig nach vorne aus. Die Edel-Silber-Tanne bildet nach ca. 5 bis 8 Jahren ab September auffällige Zapfen aus. Sie sind zunächst grün gefärbt, bis zu 25 cm lang und sehr dick und bekommen später eine gelbbräunliche Farbe.

Standort: Abies nobilis 'Glauca' ist ein Tiefwurzler. Sie braucht frische, tiefgründige, durchlässige und nährstoffreiche Böden. Sie meidet Kalk; die pH-Werte können von sauer bis neutral reichen. Der Standort kann sonnig bis absonnig sein.

Verwendung: Im Siedlungsbereich wird die Edel-Silber-Tanne hauptsächlich als Solitärgehölz in Gärten eingesetzt; man pflanzt sie aber auch auf großen Grabanlagen. Wegen der attraktiven Nadeln wird sie auch in Plantagen zur Gewinnung von Schmuckreisig angebaut.

Abteilung 12: Gehölze mit nadelförmigen Blättern, einzeln stehend

Abies nordmanniana (Nordmanns-Tanne, Kaukasus-Tanne)

Beschreibung: Abies nordmanniana ist ein Groß-Baum mit einem bis zur Spitze durchgehenden Stamm und einer bis zum Boden reichenden Beastung. Die bis zu 3 cm langen Nadeln sind oberseits glänzend dunkelgrün und unterseits silberweiß gebändert. Die Nadeln stehen meistens bürstenartig am Ast, seltener gescheitelt. Die Nordmanns-Tanne bildet nach 15 bis 20 Jahren nur im oberen Kronenbereich unauffällige Zapfen.

Standort: Abies nordmanniana ist ein Tiefwurzler und hat ein weit reichendes Wurzelsystem. Sie braucht frische, tiefgründige und nährstoffreiche Lehmböden. Sie verträgt Kalk; die pH-Werte können von schwach sauer bis alkalisch reichen. Gegen Immissionen ist die Nordmanns-Tanne empfindlich; sehr empfindlich reagiert sie auf Lufttrockenheit und Hitze. Die junge Pflanze sollte vor starker Wintersonne und kalten Ostwinden geschützt werden. Der Standort kann sonnig bis absonnig sein.

Verwendung: Im Siedlungsbereich wird die Kaukasus-Tanne hauptsächlich als Gruppen- und Solitärgehölz in Parkanlagen, auf Friedhöfen und in großen Gärten eingesetzt.

Erica carnea
(Winterheide, Schneeheide, Winter-Heide, Schnee-Heide)

Beschreibung: Erica carnea, die Winter- oder Schneeheide, ist ein 0,2 bis 0,5 m hoch wachsender Zwerg-Strauch mit aufrecht wachsenden Trieben. Die immergrünen, nadelförmig bis linealisch geformten Blätter sind 4 bis 8 mm lang und sitzen einzeln oder zu 3 bis 4 in Quirlen zusammen. Die Blattfarben der Naturformen sind dunkelgrün bis gelbgrün; die Winterfärbungen reichen von Rötlichgrün über Broncegrün bis Braun. Die Schnee-Heide blüht von Dezember bis April. Die glockenförmigen Blüten stehen in Trauben zusammen; die Blütenfarben sind sortenbedingt weiß, rosa, violett und lavendelfarben.

Standort: Erica carnea ist ein Flachwurzler. Sie braucht durchlässige, nährstoffarme Böden mit pH-Werten zwischen 4,5 und 6,5. Der Standort sollte sonnig sein.

Verwendung: Verwendet wird Erica carnea besonders in Heidegärten. Dort setzt man sie großflächig in Gesellschaft von Wildrosen, Stauden, Gräsern und Nadelgehölzen ein.

Juniperus communis
(Gemeiner Wacholder)

Beschreibung: Juniperus communis ist ein Groß-Strauch, der sehr langsam, säulen- bis kegelförmig wächst. Die Äste stehen sehr dicht und oft wächst der Gemeine Wacholder mehrstämmig. Er erreicht im Alter eine Wuchshöhe von etwa 5 bis 8 m. Die Nadeln sind grau bis blau gefärbt, 0,3 bis 1,5 cm lang und scharf zugespitzt. Die zweihäusigen Blüten erscheinen im März; die männlichen Blüten als gelbe Kätzchen, die weiblichen unauffällig grün in den Blattachseln. Die Beerenzapfen sind schwarzblau gefärbt, bereift und erreichen einen Durchmesser von 0,6 bis 0,9 cm.
Standort: Der Gemeine Wacholder bevorzugt stark trockene bis frische, arme bis mäßig nährstoffreiche Böden mit mäßig sauren bis extrem alkalischen pH-Werten. Er bevorzugt sonnige bis absonnige Standorte.
Verwendung: Verwendet wird Juniperus communis als Gruppen- und Solitärgehölz in Gärten, Heidegärten, Grab- und Parkanlagen.
Hinweis: Juniperus communis ist eine Wirtspflanze für den Birnen-Gitterrost (rel. häufige Pilzerkrankung der Birnen).

Abteilung 12: Gehölze mit nadelförmigen Blättern, einzeln stehend

Juniperus communis 'Hibernica' (Irischer Säulen-Wacholder)

Beschreibung: Juniperus communis 'Hibernica' ist ein Groß-Strauch, der säulen- bis kegelförmig wächst. Die Äste wachsen steil aufrecht und dicht verzweigt. Er erreicht im Alter eine Wuchshöhe von etwa 5 m. Die Nadeln sind blaugrau bis blaugrün gefärbt und scharf zugespitzt. Die zweihäusigen Blüten erscheinen im März; die männlichen Blüten als gelbe Kätzchen, die weiblichen unauffällig grün in den Blattachseln. Die Beerenzapfen sind schwarzblau gefärbt, weiß bis blauweiß bereift und erreichen einen Durchmesser von 1 cm.

Standort: Der Irische Säulen-Wacholder bevorzugt mäßig trockene bis frische, mäßig nährstoffreiche Böden mit sauren bis alkalischen pH-Werten. Er braucht sonnige Standorte, um nicht zu verkahlen.

Verwendung: Verwendet wird Juniperus communis 'Hibernica' als Gruppen- und Solitärgehölz in Hausgärten, Heidegärten, Grab- und Parkanlagen.

Abteilung 12: Gehölze mit nadelförmigen Blättern, einzeln stehend

Juniperus communis 'Hornibrookii' (Teppich-Wacholder)

Beschreibung: Juniperus communis 'Hornibrookii' ist ein Zwergstrauch, der bodenaufliegend wächst und im Alter eine Höhe von 60 bis 80 cm und eine Breite von 2,5 bis 3,5 m erreicht. Die Nadeln sind hellgrün gefärbt, silbrig gestreift und ca. 6 mm lang; sie sind spitz und stechend. Die Blüten und Früchte sind ohne Bedeutung.
Standort: Der Teppich-Wacholder ist ein Tiefwurzler und bevorzugt mäßig trockene bis frische, nährstoffarme Böden mit mäßig sauren bis mäßig alkalischen pH-Werten. Er braucht sonnige bis absonnige Standorte.
Verwendung: Verwendet wird Juniperus communis 'Hornibrookii' als Gruppen- und Solitärgehölz in Hausgärten, Heidegärten, Grab- und Parkanlagen, an Böschungen, Mauerkronen und Treppenwangen.

Metasequoia glyptostroboides
(Urweltmammutbaum, Chinesisches Rotholz)

Beschreibung: Metasequoia glyptostroboides ist ein Groß-Baum mit einer Wuchshöhe von bis zu 40 m. Er wächst mit durchgehenden Stamm bis zur Spitze. Die Äste stehen waagerecht ab oder wachsen flach ansteigend, leicht in sich gebogen nach oben. Die Nadeln sind ca. 2 cm lang und hellgrün gefärbt. Die Herbstfärbung ist orange bis bronzebraun. Blüten und Früchte sind ohne Bedeutung.
Standort: Der Urweltmammutbaum ist ein Tiefwurzler mit weit reichendem Wurzelsystem. Er braucht frische, humose Böden mit stark sauren bis schwach alkalischen pH-Werten. Er verträgt Kalk, ist gegenüber Immissionen unempfindlich, aber dafür salzempfindlich. Der Standort sollte sonnig bis halbschattig sein.
Verwendung: Benutzt wird der Urweltmammutbaum in großen Gärten und Parkanlagen als Gruppen- und Solitärgehölz.

Picea abies
(Gewöhnliche Fichte, Rot-Fichte, Gemeine Fichte, Rottanne)

Beschreibung: Picea abies ist ein Groß-Baum mit spitzkegeliger Krone und einem bis zur Spitze durchgehenden Stamm. Im Alter erreicht die Rot-Fichte eine Höhe von 50 m. Die 1 bis 1,5 cm langen Nadeln sind oberseits glänzend dunkelgrün, sie sind an den Enden zugespitzt und dadurch stechend. Die Rot-Fichte bildet alle 3 bis 4 Jahre im April bis Mai einhäusige Blüten aus. Die rötlichen männlichen Blüten sitzen an den Triebenden in Büscheln zusammen; die roten weiblichen Blüten sind zapfenförmig und sitzen im oberen Kronenbereich. Nach ca. 10 Jahren werden die ersten Zapfen gebildet. Sie sind zylindrisch zugespitzt, braun und fallen als Ganzes ab.
Standort: Die Gewöhnliche Fichte ist ein Flachwurzler und dadurch stark windwurfgefährdet. Sie braucht frische bis feuchte, gering nährstoffreiche Böden mit sauren bis leicht alkalischen pH-Werten. Der Standort kann sonnig bis halbschattig sein.
Verwendung: Im Siedlungsbereich wird die Rottanne hauptsächlich als Gruppen- und Solitärgehölz eingesetzt. Große Bedeutung hat sie auch als Forstgehölz.

Abteilung 12: Gehölze mit nadelförmigen Blättern, einzeln stehend

Picea glauca 'Conica' (Zuckerhut-Fichte, Zwerghut-Fichte)

Beschreibung: Picea glauca 'Conica' ist eine Zwergform mit ca. 3 m Wuchshöhe im Alter. Die Zuckerhut-Fichte wächst sehr langsam, dicht und regelmäßig und bildet dadurch eine gleichmäßige Kegelform aus. Die ca. 1 cm langen Nadeln sind bläulichgrün (im Austrieb hellgrün) gefärbt.
Standort: Die Zwerghut-Fichte ist ein Flachwurzler und braucht feuchte bis frische, durchlässige, aber nicht zu trockene Böden mit sauren bis alkalischen pH-Werten. Sie verträgt Kalk und liebt kühlfeuchte Lagen. Der Standort kann sonnig bis absonnig sein.
Verwendung: Im Siedlungsbereich wird Picea glauca 'Conica' hauptsächlich als Gruppen- und Solitärgehölz eingesetzt. Oft pflanzt man sie auch als Solitärgehölz auf Grabstätten, in Heidegärten und in Pflanzgefäßen.

Picea omorica (Serbische Fichte, Omorika-Fichte)

Beschreibung: Picea omorica ist ein Baum bis Groß-Baum mit schmal kegelförmiger Krone und einem bis zur Spitze durchgehenden Stamm. Die Äste sitzen sichelförmig aufgerichtet am Stamm mit im Alter meist hängenden Zweigen. Die Serbische Fichte erreicht eine Höhe von 15 bis 25 m (in Ausnahmefällen auch bis 35 m). Die 1,2 bis 1,8 cm langen Nadeln sind oberseits glänzend dunkelgrün, unterseits besitzen sie zwei weiße Streifen. Picea omorica blüht im Mai. Die männlichen Blüten sind rot, eiförmig und etwa 1,2 cm groß, die weiblichen sind gestreckt eiförmig, rot gefärbt und bis ca. 1,8 cm lang. Nach ca. 5 bis 10 Jahren werden die ersten Zapfen gebildet. Sie sind schmal spindelförmig, anfangs hellrot, später violettgrün und im reifen Zustand (im Sommer des folgenden Jahres) rotbraun gefärbt. Sie sind 2,5 bis 5 cm lang und hängen am Ast.

Standort: Die Serbische Fichte ist ein Flachwurzler und dadurch stark windwurfgefährdet. Sie braucht mäßig trockene bis frische, gut durchlässige Böden mit schwach sauren bis alkalischen pH-Werten; Kalk wird toleriert. Der Standort kann sonnig bis absonnig sein.

Verwendung: Im Siedlungsbereich wird Picea omorica hauptsächlich als Gruppen- und Solitärgehölz eingesetzt. Eine gewisse Bedeutung hat sie auch als Forstgehölz.

Picea pungens 'Glauca' (Blau-Fichte, Blaue Stech-Fichte)

Beschreibung: Picea pungens 'Glauca' ist ein Baum mit kegelförmiger Krone und einem bis zur Spitze durchgehenden Stamm. Die Äste sitzen quirlförmig, waagerecht am Stamm mit leicht ansteigenden Spitzen und bilden dadurch Etagen. Die Blau-Fichte erreicht eine Höhe von 15 bis 20 m. Ihre Nadeln sind bis zu 3 cm lang, im Austrieb stahlblau, später blaugrün gefärbt; die Nadelenden laufen spitz zu und sind dadurch extrem stechend. Die Blüten sind von untergeordneter Bedeutung. Nach ca. 10 bis 15 Jahren werden die ersten Zapfen gebildet. Sie sind bis zu 10 cm lang, länglich walzenförmig, hellbraun und sehr auffallend, da sie in Massen auftreten.

Standort: Die Blau-Fichte ist ein Tiefwurzler mit weit reichendem Wurzelsystem. Sie braucht mäßig trockene bis frische, sandig-humose bis sandig-lehmige Böden mit sauren bis alkalischen pH-Werten; Kalk wird toleriert. Der Standort kann sonnig bis absonnig sein.

Verwendung: Im Siedlungsbereich wird Picea pungens 'Glauca' hauptsächlich als Gruppen- und Solitärgehölz eingesetzt.

Abteilung 12: Gehölze mit nadelförmigen Blättern, einzeln stehend

Pseudotsuga menziesii (Douglasie)

Beschreibung: Pseudotsuga menziesii ist ein Groß-Baum. Die breit ausladend kegelförmige Krone hat einen bis zur Spitze durchgehenden Stamm. Die Äste stehen waagerecht oder leicht bogig aufrecht am Stamm. Die Douglasie erreicht in Europa ein Höhe von ca. 50 m (in ihrer Heimat bis zu 90 m). Die ca. 2,5 cm langen Nadeln sind weich und biegsam, oberseits dunkelgrün glänzend gefärbt. Die Unterseite weist zwei silberweiße Streifen auf. Die einhäusigen Blüten erscheinen im April; die männlichen als kleine, gelbe, eiförmige Blüten an der Unterseite der Triebe und die weiblichen als ca. 1,8 cm große, gelblich rötliche Blüten an den Enden der Triebe. Nach etwa 15 bis 20 Jahren bildet die Douglasie braune, zylindrische, 8 bis 10 cm lange Zapfen aus (Besonderheit: Aus den Zapfen ragen auffällige, dreispaltige Deckschuppen heraus).
Standort: Pseudotsuga menziesii braucht mäßig trockene bis frische, tiefgründige und nährstoffreiche Böden mit schwach sauren bis schwach alkalischen pH-Werten. Der Standort sollte sonnig bis absonnig sein.
Verwendung: Im Siedlungsbereich wird die Douglasie hauptsächlich als Gruppen- und Solitärgehölz eingesetzt; große Bedeutung hat sie auch als Forstgehölz.

Taxus baccata
(Gewöhnliche Eibe, Gemeine Eibe, Europäische Eibe, Eibe)

Beschreibung: Taxus baccata ist ein Klein-Baum mit einer Wuchshöhe von ca. 10 m. Im hohen Alter erreicht die Gewöhnliche Eibe manchmal eine Höhe von 20 m. Sie wächst breit kegelförmig bis rundlich mit reich verzweigtem Stamm bzw. mehrstämmig mit schräg bis bogenförmig und breit ausladend wachsenden Ästen. Die bis zu 3 cm langen Nadeln sind oberseits schwarzgrün glänzend und unterseits blassgrün gefärbt. Die zweihäusigen, gelben Blüten erscheinen im März bis Ende April. Die männlichen Blüten sind kugelige Kätzchen, die weiblichen sind knospig klein. Die Früchte sind eiförmig bis rund, ca. 1 cm groß und auffallend rot gefärbt.
Standort: Die Gewöhnliche Eibe ist ein Herz- bis Tiefwurzler. Sie braucht frische bis feuchte, tiefgründige und nährstoffreiche Lehmböden mit schwach sauren bis alkalischen pH-Werten. Sie liebt kalkhaltige Böden. Der Standort sollte sonnig bis halbschattig sein.
Verwendung: Benutzt wird die Gewöhnliche Eibe im Siedlungsbereich als Gruppen- und Solitärgehölz sowie für immergrüne Hecken.
Hinweis: Alle Teile der Eibe (bis auf das Fruchtfleisch der Beeren) sind für den Menschen lebensgefährlich giftig! Die Eibe darf deshalb nicht an Kinderspielplätzen, Schulhöfen und Pferdesportanlagen (für Pferde ist die Eibe ebenfalls lebensgefährlich giftig) gepflanzt werden.

Taxus baccata 'Fastigiata Robusta'
(Spitze Säulen-Eibe, Säulen-Eibe Robust)

Beschreibung: Taxus baccata 'Fastigiata Robusta' ist ein Groß-Strauch mit einer Wuchshöhe von 5 bis 8 m. Die Säulen-Eibe Robust wächst mit mehreren Ästen grundstämmig straff aufwärts. Die Nadeln sind frischgrün, bis zu 4 cm lang und allseits fast waagerecht abstehend. Die zweihäusigen, gelben Blüten erscheinen im März bis Ende April. Die Früchte sind eiförmig bis rund, ca. 1 cm groß und auffallend rot gefärbt.
Standort: Die Säulen-Eibe Robust ist ein Tiefwurzler. Sie braucht frische Böden mit schwach sauren bis stark alkalischen pH-Werten. Sie liebt kalkhaltige Böden in geschützter Lage mit hoher Luftfeuchtigkeit. Der Standort sollte sonnig bis halbschattig sein.
Verwendung: Benutzt wird die Spitze Säulen-Eibe im Siedlungsbereich als Gruppen- und Solitärgehölz für die Bepflanzung von Heidegärten, Grabanlagen, Dachgärten, Rabatten sowie als mobiles Grün in Gefäßen und Trögen.
Hinweis: Alle Teile der Eibe, bis auf das Fruchtfleisch der Beeren, sind für den Menschen und viele Tiere lebensgefährlich giftig! Die Eibe darf deshalb nicht an Kinderspielplätzen, Schulhöfen und Pferdesportanlagen (für Pferde ist die Eibe ebenfalls lebensgefährlich giftig) gepflanzt werden.

ABTEILUNG 13

Gehölze mit nadelförmigen Blättern, in Gruppen stehend

Larix decidua (Europäische Lärche): S. 259

Larix kaempferi (Japanische Lärche): S. 260

Pinus cembra (Zirbel-Kiefer, Arve): S. 261

Pinus mugo (Berg-Kiefer, Krummholz-Kiefer, Latsche, Leg-Föhre): S. 262

Abteilung 13: Gehölze mit nadelförmigen Blättern, in Gruppen stehend

Pinus pumila 'Glauca' (Blaue Kriech-Kiefer, Ostasiatische Zwerg-Kiefer): S. 263

Pinus strobus (Strobe, Weymouths-Kiefer): S. 264

Pinus strobus 'Radiata' (Zwerg-Strobe, Streichel-Kiefer): S. 265

Pinus sylvestris 'Fastigiata' (Säulen-Kiefer): S. 266

257

Abteilung 13: Gehölze mit nadelförmigen Blättern, in Gruppen stehend

Pinus wallichiana (Tränen-Kiefer): S. 267

Sciadopitys verticillata (Schirmtanne, Japanische Schirmtanne): S. 268

Abteilung 13: Gehölze mit nadelförmigen Blättern, in Gruppen stehend

Larix decidua (Europäische Lärche)

Beschreibung: Larix decidua ist ein Groß-Baum mit einer Wuchshöhe von bis zu 30 bis 40 m. Sie wächst mit durchgehendem Stamm bis zur Spitze. Die Äste stehen waagerecht ab oder wachsen flach ansteigend nach oben. Die Nadeln sind 1 bis 3 cm lang und hellgrün gefärbt. Die Herbstfärbung ist leuchtend gelb. Die einhäusigen Blüten erscheinen im April; die männlichen Blüten in Form von gelben Büscheln, die weiblichen Blüten haben eine Zapfenform und sind rot bis purpurn gefärbt. Die 2,5 bis 4 cm großen, braunen Zapfen hängen mehrere Jahre am Baum.

Standort: Die Europäische Lärche ist ein Herzwurzler (auf schweren Böden auch Flachwurzler). Sie braucht frische bis feuchte, durchlässige und nährstoffreiche Böden mit schwach sauren bis stark alkalischen pH-Werten. Der Standort sollte sonnig bis absonnig sein.

Verwendung: Benutzt wird Larix decidua im Siedlungsbereich als Gruppen- und Solitärgehölz sowie für hohe Hecken, in der freien Landschaft als Pionierbesiedler und Windschutzgehölz.

Abteilung 13: Gehölze mit nadelförmigen Blättern, in Gruppen stehend

Larix kaempferi (Japanische Lärche)

Beschreibung: Larix kaempferi ist ein Groß-Baum mit einer Wuchshöhe von bis zu 30 m. Sie wächst mit durchgehendem Stamm bis zur Spitze. Die Äste stehen waagerecht ab oder wachsen flach ansteigend nach oben. Die Nadeln sind 2 bis 3,5 cm lang und blaugrün gefärbt. Die Herbstfärbung ist gelb. Die einhäusigen Blüten erscheinen Anfang April; die männlichen Blüten in gelber, die weiblichen in gelbgrüner Farbe. Im Winter desselben Jahres reifen die Zapfen. Sie sind 2 bis 3 cm lang, eiförmig bis rund und von hellbrauner Farbe.

Standort: Die Japanische Lärche ist ein Tiefwurzler mit weit reichendem Wurzelsystem. Sie braucht frische, humose Böden mit sauren bis alkalischen pH-Werten. Sie verträgt Kalk, ist aber empfindlich gegenüber Immissionen. Der Standort sollte sonnig bis absonnig sein mit hoher bis sehr hoher Luftfeuchtigkeit.

Verwendung: Benutzt wird Larix kaempferi im Siedlungsbereich als Gruppen- und Solitärgehölz sowie für hohe Hecken.

Abteilung 13: Gehölze mit nadelförmigen Blättern, in Gruppen stehend

Pinus cembra (Zirbel-Kiefer, Arve)

Beschreibung: Pinus cembra ist ein 22 bis 25 m hoch wachsendes Nadelgehölz. Im Flachland wächst die Zirbel-Kiefer schmal kegelförmig mit durchgehendem Stamm, im Gebirge eher breit ausladend, locker oder bizarr. Die bis zu 10 cm langen, dunkelgrünen bis blaugrünen, weichen Nadeln stehen fünfnadelig in Büscheln zusammen und haften 3 bis 5 Jahre am Holz. Die Zirbel-Kiefer bildet frühestens nach ihrem 40. Lebensjahr die ersten Zapfen aus. Sie sind 6 bis 8 cm lang, zunächst grün, später grünviolett und im reifen Zustand zimtbraun. Im dritten Jahr fallen sie im geschlossenen Zustand ab; sie enthalten essbare, nahrhafte Samen (Zirbelnüsse), die keine Flügel haben und deshalb von Vögeln und Eichhörnchen verbreitet werden müssen.

Standort: Pinus cembra ist ein Tiefwurzler mit weit reichendem, feinem Wurzelsystem; an die Böden stellt sie keine besonderen Ansprüche, bevorzugt aber feuchte bis frische, sandig-kiesige bis humose Lehmböden. Der Standort kann vollsonnig bis schwach sonnig sein.

Verwendung: Im Siedlungsbereich wird die Arve als Solitär- und Gruppengehölz im weiten Stand eingesetzt.

Abteilung 13: Gehölze mit nadelförmigen Blättern, in Gruppen stehend

Pinus mugo
(Berg-Kiefer, Krummholz-Kiefer, Latsche, Leg-Föhre)

Beschreibung: Pinus mugo ist ein meist mehrstämmig wachsender Strauch, der sehr langsam wächst und etwa 2 bis 3 m hoch wird. Die Stämme sind in der Regel am Boden knieartig gebogen, manchmal auch niederliegend. Der Kronenhabitus der Berg-Kiefer reicht von schmal kegelförmig bis breitbuschig. Die 3 bis 4 Jahre haftenden, etwa 4 cm langen, dunkelgrünen, starren Nadeln stehen zweinadelig in Büscheln zusammen. Sie sind oft sichelförmig gekrümmt oder leicht gedreht. Nach 5 bis 8 Jahren bildet die Berg-Kiefer die ersten Zapfen aus. Sie sind bis zu 7 cm lang, eiförmig und dunkelrotbraun gefärbt. Für die Reife benötigen sie ca. 2 Jahre.

Standort: Pinus mugo hat ein feines, weit reichendes Wurzelsystem; an die Böden stellt sie keine besonderen Ansprüche. Der Standort kann vollsonnig bis absonnig sein.

Verwendung: In Gärten, Parkanlagen und Friedhöfen wird die Berg-Kiefer als Solitär-, Gruppen- und Heckengehölz eingesetzt sowie für die Bepflanzung von Rosen-, Heide-, Trog- und Steingärten verwendet.

Abteilung 13: Gehölze mit nadelförmigen Blättern, in Gruppen stehend

Pinus pumila 'Glauca'
(Blaue Kriech-Kiefer, Ostasiatische Zwerg-Kiefer)

Beschreibung: Pinus pumila 'Glauca' ist eine Zwergform mit sehr langsamem Wuchs und einer Höhe von 1,5 bis 2 (3) m im Alter. Sie wächst ausgebreitet bis niederliegend und ist in der Regel breiter als hoch. Die 7 cm langen, graugrünen bis blaugrünen, weichen Nadeln stehen fünfnadelig und sehr dicht zusammen. Die männlichen Blüten sind rot gefärbt und sitzen an der Basis der Maitriebe. Die kleinen Zapfen sind zunächst violett, später braun gefärbt. Sie werden schon sehr früh gebildet.
Standort: Pinus pumila 'Glauca' braucht feuchte bis frische, sandig-humose Böden mit sauren bis schwach alkalischen pH-Werten. Der Standort kann vollsonnig bis absonnig sein.
Verwendung: In Gärten, Parkanlagen und Friedhöfen wird die Blaue Kriech-Kiefer als Solitär- und Gruppengehölz eingesetzt sowie für die Bepflanzung von Rosen-, Heide-, Trog- und Steingärten verwendet.

Abteilung 13: Gehölze mit nadelförmigen Blättern, in Gruppen stehend

Pinus strobus (Strobe, Weymouths-Kiefer)

Beschreibung: Pinus strobus ist ein 30 m hoch wachsender Groß-Baum. Er wächst mit durchgehendem Stamm; die Äste stehen quirlig, fast waagerecht ab, wodurch ein lockerer Aufbau mit größeren Etagen entsteht. Die bis zu 10 cm langen, graugrünen bis dunkelgrünen Nadeln stehen fünfnadelig in Büscheln zusammen und haften 2 bis 3 Jahre am Holz.

Standort: Die Strobe ist ein Tiefwurzler mit ausgeprägter Pfahlwurzel; sie braucht frische bis feuchte, tiefgründige bis sehr tiefgründige Sand- oder Lehmböden mit sauren bis schwach alkalischen pH-Werten. Der Standort kann vollsonnig bis absonnig sein.

Verwendung: Im Siedlungsbereich wird die Weymouths-Kiefer als Solitär- und Gruppengehölz in Parkanlagen und größeren Gärten eingesetzt.

Abteilung 13: Gehölze mit nadelförmigen Blättern, in Gruppen stehend

Pinus strobus 'Radiata' (Zwerg-Strobe, Streichel-Kiefer)

Beschreibung: Pinus strobus 'Radiata', die Zwerg-Strobe, ist ein Kleinstrauch von 1,5 bis 3,5 m Wuchshöhe. Sie wächst langsam; ihre dichte Krone nimmt runde bis sparrige Formen an. Die Nadeln stehen zu fünft in dichten Büscheln zusammen; sie haben eine leuchtend blaugrüne Farbe.

Standort: Die Zwerg-Strobe ist ein Tiefwurzler mit ausgeprägter Pfahlwurzel; sie braucht frische bis feuchte, tiefgründige bis sehr tiefgründige Böden mit sauren bis schwach alkalischen pH-Werten. Der Standort kann vollsonnig bis absonnig sein.

Verwendung: Im Siedlungsbereich wird die Streichel-Kiefer als Solitärgehölz in Haus-, Dach- und Heidegärten eingesetzt. Man pflanzt sie auch gerne als Rosen- und Rhododendron-Begleiter.

Abteilung 13: Gehölze mit nadelförmigen Blättern, in Gruppen stehend

Pinus sylvestris 'Fastigiata' (Säulen-Kiefer)

Beschreibung: Pinus sylvestris 'Fastigiata' ist ein bis zu 15 m hoch wachsender Baum. Er wächst mit durchgehendem Stamm; die Äste stehen quirlig um den Stamm und wachsen fast senkrecht nach oben, wodurch die schmale Kegelform entsteht. Die bis zu 6 cm langen, blaugrünen bis stahlblauen Nadeln stehen zweinadelig in Büscheln zusammen. Sie sind steif, spitz und in sich ein wenig verdreht.
Standort: Die Säulen-Kiefer ist ein Flach-, Pfahl- oder Tiefwurzler und braucht mäßig trockene bis frische, sandig-kiesige Lehmböden, humose Sandböden oder Torfböden. Der pH-Wert kann stark sauer bis stark alkalisch sein. Sie verträgt Kalk, Hitze und Trockenheit, ist aber empfindlich gegenüber Immissionen.
Verwendung: Im Siedlungsbereich wird die Säulen-Kiefer als Solitär- und Gruppengehölz besonders in Innenhöfen, Parkanlagen, Dach- und Heidegärten eingesetzt.

Abteilung 13: Gehölze mit nadelförmigen Blättern, in Gruppen stehend

Pinus wallichiana (Tränen-Kiefer)

Beschreibung: Pinus wallichiana ist ein 20 bis 25 m hoch wachsender Baum. Er wächst mit durchgehendem Stamm; die Äste stehen breit ausladend, fast waagerecht am Stamm mit leicht ansteigenden Spitzen. Die unteren Äste können sich bis zur Erde neigen. Dadurch entsteht ein lockerer Aufbau mit größeren Etagen. Die bis zu 20 cm langen, bläulichgrünen bis bläulichsilbrigen Nadeln hängen fünfnadelig, schlaff herunter. Sie haften 3 bis 4 Jahre am Holz.

Standort: Die Tränen-Kiefer stellt an den Boden keine besonderen Ansprüche. Der Standort kann vollsonnig bis leicht schattig sein.

Verwendung: Im Siedlungsbereich wird Pinus wallichiana als Solitärgehölz in Parkanlagen und größeren Gärten eingesetzt.

Abteilung 13: Gehölze mit nadelförmigen Blättern, in Gruppen stehend

Sciadopitys verticillata
(Schirmtanne, Japanische Schirmtanne)

Beschreibung: Sciadopitys verticillata ist ein geschlossen kegelförmig wachsender Baum mit einem bis zur Spitze durchgehenden Stamm. Die Schirmtanne wächst sehr langsam und erreicht in Europa eine Endhöhe von ca. 10 m (in der japanischen Heimat wird sie bis zu 40 m hoch, möglicherweise wird sie auch in Europa größer als 10 m). Die Äste wachsen waagerecht bis ansteigend; die 8 bis 12 cm langen Nadeln sind glänzend grün und bestehen aus zwei parallel verwachsenen Einzelnadeln (sog. Doppelnadeln). Von April bis Mai blühen gelbe, männliche Blüten in Büscheln an den Triebenden und grünbraune, kugelige, weibliche Blüten. Die Schirmtanne bildet ab Oktober 7 bis 12 cm lange, eilängliche, braune Zapfen aus, die im folgenden Jahr reifen.

Standort: Sciadopitys verticillata braucht frische bis feuchte, tiefgründige und nährstoffreiche, sandig-humose Lehmböden. Sie verträgt keinen Kalk, die pH-Werte können von stark sauer bis neutral reichen. Die junge Pflanze sollte vor starker Sonnenbestrahlung und kalten Ostwinden geschützt werden. Ältere Pflanzen mögen sonnige bis halbschattige Standorte.

Verwendung: Im Siedlungsbereich wird die Schirmtanne hauptsächlich als Solitärgehölz in Gärten, Atriumgärten und Parkanlagen eingesetzt.

ABTEILUNG 14

Gehölze mit nadelförmigen Blättern, schuppenartig am Ast sitzend

Calluna vulgaris (Sommer-Heide, Besen-Heide) 272

Chamaecyparis lawsoniana 'Alumii Gold' (Scheinzypresse 'Alumii Gold') 273

Chamaecyparis lawsoniana 'Columnaris Glauca' (Blaue Säulen-Scheinzypresse, Blaue Säulenzypresse, Scheinzypresse Columnaris, Lawsons Scheinzypresse) 274

Chamaecyparis lawsoniana 'Golden Wonder' (Gelbe Garten-Scheinzypresse, Scheinzypresse 'Golden Wonder', Lawsons Scheinzypresse 'Golden Wonder') 275

Chamaecyparis lawsoniana 'Stardust' (Lawsons Scheinzypresse 'Stardust') 276

Abteilung 14: Gehölze mit nadelförmigen Blättern, schuppenartig am Ast sitzend

Chamaecyparis nootkatensis 'Pendula' (Mähnen-Nootka-Scheinzypresse, Hänge-Nutkazypresse, Mähnen-Scheinzypresse) 277

Chamaecyparis obtusa 'Nana Gracilis' (Kleine Muschel-Scheinzypresse, Kleine Muschelzypresse 'Nana Gracilis', Japanische Muschelzypresse) 278

Chamaecyparis pisifera 'Filifera Nana Aurea' (Gelbe Zwerg-Fadenzypresse) 279

Cupressocyparis leylandii (Bastardzypresse, Leylandzypresse, Grüne Baumzypresse) 280

Abteilung 14: Gehölze mit nadelförmigen Blättern, schuppenartig am Ast sitzend

Juniperus chinensis 'Mint Julep' (Chinesischer Wacholder 'Mint Julep', China Wacholder 'Mint Julep') 281

Juniperus virginiana 'Grey Owl' (Strauch-Wacholder 'Grey Owl', Wacholder 'Grey Owl') 282

Sequoiadendron giganteum (Mammutbaum, Wellingtonie): S. 283

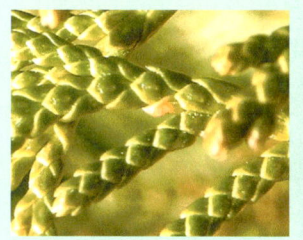

Thuja occidentalis 'Smaragd' (Smaragd-Lebensbaum, Lebensbaum 'Smaragd', Abendländischer Lebensbaum): S. 284

Thuja plicata 'Excelsa' (Riesen-Lebensbaum, Lebensbaum 'Excelsa') 285

Abteilung 14: Gehölze mit nadelförmigen Blättern, schuppenartig am Ast sitzend

Calluna vulgaris
(Sommer-Heide, Besen-Heide)

Beschreibung: Calluna vulgaris ist ein 0,2 bis 0,8 m hoch wachsender Zwerg- bis Kleinstrauch mit zunächst straff aufrecht wachsenden Trieben, die später aber auch überhängend oder niederliegend wachsen können. Die immergrünen, nadelförmig bis linealisch geformten Blätter sind 1 bis 4 mm lang und sitzen paarweise gegenständig am Ast. Die Blattfarben der Naturformen sind dunkelgrün bis graugrün. Die Besen-Heide blüht von Anfang Juli bis Ende September. Die Blüten stehen in Trauben zusammen; die Blütenfarbe reicht von Rosa bis Violett.
Standort: Calluna vulgaris ist ein Flachwurzler. Sie braucht kalkfreie, durchlässige, nährstoffarme Böden mit pH-Werten zwischen 4 und 5. Der Standort sollte sonnig sein.
Verwendung: Verwendet wird die Sommer-Heide besonders in Heidegärten. Dort setzt man sie großflächig in Gesellschaft von Wildrosen, Stauden, Gräsern und Nadelgehölzen ein.

Abteilung 14: Gehölze mit nadelförmigen Blättern, schuppenartig am Ast sitzend

Chamaecyparis lawsoniana 'Alumii Gold'
(Scheinzypresse 'Alumii Gold')

Beschreibung: Chamaecyparis lawsoniana 'Alumii Gold' ist ein Klein-Baum mit einer Endhöhe von 8 bis 10 m. Die Scheinzypresse 'Alumii Gold' wächst zunächst säulenförmig, später breit kegelförmig. Die schuppenförmigen Nadeln sind leuchtend gelb (auch im Winter) und anliegend. Die Blüten sind von untergeordneter Bedeutung. Die rundlichen, lilafarbenen Zapfen erreichen einen Durchmesser von 8 bis 10 mm.
Standort: Die Scheinzypresse 'Alumii Gold' braucht mäßig trockene bis frische, sandig-humose Böden mit sauren bis alkalischen pH-Werten. Sie toleriert Kalk; der Standort sollte sonnig bis halbschattig sein.
Verwendung: Benutzt wird Chamaecyparis lawsoniana 'Alumii Gold' als Gruppen- und Solitärgehölz besonders für Heidegärten.

Abteilung 14: Gehölze mit nadelförmigen Blättern, schuppenartig am Ast sitzend

Chamaecyparis lawsoniana 'Columnaris Glauca'
(Blaue Säulen-Scheinzypresse, Blaue Säulenzypresse, Scheinzypresse Columnaris, Lawsons Scheinzypresse)

Beschreibung: Chamaecyparis lawsoniana 'Columnaris Glauca' ist ein säulenförmig wachsender Klein-Baum mit einer Endhöhe von 5 bis 10 m. Der Wuchs ist straff aufrecht mit dicht anliegenden Zweigen. Die schuppenförmigen Nadeln sind blaugrün und eng anliegend. Die einhäusigen Blüten erscheinen im April. Die männlichen Blüten als rötlichbraune Kätzchen, die weiblichen als bläulichgrüne Zäpfchen. Die rundlichen, braunen Zapfen erreichen im Reifestadium einen Durchmesser von 8 bis 10 mm.
Standort: Die Blaue Säulen-Scheinzypresse ist ein Flachwurzler mit feinem Wurzelsystem. Sie braucht mäßig trockene bis frische, sandig-humose Böden mit sauren bis alkalischen pH-Werten. Sie verträgt Kalk; der Standort sollte sonnig bis halbschattig sein.
Verwendung: Benutzt wird Chamaecyparis lawsoniana 'Columnaris Glauca' als Gruppen- und Solitärgehölz sowie für hohe Hecken.

Abteilung 14: Gehölze mit nadelförmigen Blättern, schuppenartig am Ast sitzend

Chamaecyparis lawsoniana 'Golden Wonder'
(Gelbe Garten-Scheinzypresse, Scheinzypresse 'Golden Wonder', Lawsons Scheinzypresse 'Golden Wonder')

Beschreibung: Chamaecyparis lawsoniana 'Golden Wonder' ist ein Klein-Baum mit einer Endhöhe von 5 bis 7 m. Die Gelbe Garten-Scheinzypresse wächst gleichmäßig breit kegelförmig mit dicht stehenden, leicht ansteigenden Ästen. Die schuppenförmigen Nadeln sind tief goldgelb (auch im Winter) und anliegend. Die einhäusigen Blüten erscheinen zwischen März und April; die männlichen als rötlichbraune Kätzchen und die weiblichen als bläulichgrüne Zäpfchen. Die rundlichen, braunen Zapfen erreichen einen Durchmesser von 8 bis 10 mm.
Standort: Die Gelbe Garten-Scheinzypresse ist ein Flachwurzler. Sie braucht mäßig trockene bis frische, sandig-humose Böden mit sauren bis alkalischen pH-Werten. Sie toleriert Kalk; der Standort sollte sonnig bis halbschattig sein.
Verwendung: Benutzt wird die Gelbe Garten-Scheinzypresse als Gruppen- und Solitärgehölz.

Abteilung 14: Gehölze mit nadelförmigen Blättern, schuppenartig am Ast sitzend

Chamaecyparis lawsoniana 'Stardust'
(Lawsons Scheinzypresse 'Stardust')

Beschreibung: Chamaecyparis lawsoniana 'Stardust' ist ein Klein-Baum mit einer Endhöhe von max. 7 m. Der Wuchs ist gleichmäßig kegelförmig mit leicht überhängender Spitze. Die schuppenförmigen Nadeln sind gelbgrün und anliegend. Die einhäusigen Blüten erscheinen im März bis Ende April. Die rundlichen, braunen Zapfen erreichen einen Durchmesser von ca. 8 mm.
Standort: Lawsons Scheinzypresse 'Stardust' ist ein Flachwurzler mit feinem Wurzelsystem. Sie braucht normale Gartenböden, die pH-Werte können zwischen sauer bis alkalisch rangieren. Sie toleriert Kalk; der Standort sollte sonnig bis halbschattig sein.
Verwendung: Benutzt wird Chamaecyparis lawsoniana 'Stardust' als Gruppen- und Solitärgehölz sowie für hohe Hecken.

Chamaecyparis nootkatensis 'Pendula'
(Mähnen-Nootka-Scheinzypresse, Hänge-Nutkazypresse, Mähnen-Scheinzypresse)

Beschreibung: Chamaecyparis nootkatensis 'Pendula' ist ein Klein-Baum bis Baum mit einer Wuchshöhe von 10 bis 15 m. Sie wächst meistens mit durchgehendem Stamm (Ausnahme: trockene Standorte); die unregelmäßig am Stamm wachsenden Zweige hängen zunächst schlaff herunter, später wachsen sie sichelförmig, bizarr aufwärts. Die nadelförmigen Blätter sind dunkelgrün. Im Alter von etwa 10 Jahren bildet die Mähnen-Nootka-Scheinzypresse zum ersten Mal kleine, etwa 1 cm große, kugelige Zapfen aus. Sie sind zunächst grünblau gefärbt, später braun. Die Zapfen reifen innerhalb eines Jahres.
Standort: Chamaecyparis nootkatensis 'Pendula' ist ein Flachwurzler. Sie braucht frische, durchlässige, humose Lehmböden mit pH-Werten zwischen sauer bis alkalisch; Kalk verträgt sie ohne Probleme. Der Standort sollte sonnig bis absonnig sein.
Verwendung: Verwendet wird die Mähnen-Nootka-Scheinzypresse als Solitärgehölz in Hausgärten und Parkanlagen.

Chamaecyparis obtusa 'Nana Gracilis'
(Kleine Muschel-Scheinzypresse, Kleine Muschelzypresse 'Nana Gracilis', Japanische Muschelzypresse)

Beschreibung: Chamaecyparis obtusa 'Nana Gracilis' ist ein Strauch, der unregelmäßig, breit kegelförmig wächst und eine Endhöhe von 2,5 m erreicht. Die Äste wachsen waagerecht; die Zweige sind am Ende muschel- bzw. tütenförmig verdreht. Die schuppenförmigen Nadeln sind stumpf und von dunkelgrüner, glänzender Farbe. Die einhäusigen Blüten erscheinen im April. Die männlichen Blüten als rötliche, an den Triebspitzen sitzende Zapfen, die weiblichen sind hellbraun und zapfenförmig. Die rundlichen, braunen Zapfen sind achtschuppig und erreichen einen Durchmesser von 12 mm.
Standort: Die Kleine Muschel-Scheinzypresse braucht frische bis feuchte, nährstoffreiche, sandig-humose Böden mit sauren bis schwach alkalischen pH-Werten. Sie verträgt Kalk; der Standort sollte halbschattig bis absonnig sein.
Verwendung: Benutzt wird Chamaecyparis obtusa 'Nana Gracilis' als Gruppen- und Solitärgehölz in Gärten sowie in Pflanzkästen und auf Friedhöfen.

Abteilung 14: Gehölze mit nadelförmigen Blättern, schuppenartig am Ast sitzend

Chamaecyparis pisifera 'Filifera Nana Aurea'
(Gelbe Zwerg-Fadenzypresse)

Beschreibung: Chamaecyparis pisifera 'Filifera Nana Aurea' ist ein buschig wachsender Strauch mit fadenförmigen Zweigen, die allseitig fontänenartig überhängen. Die Gelbe Zwerg-Fadenzypresse erreicht eine Endhöhe von 3 bis 5 m. Die schuppenförmigen, gelben Nadeln liegen eng an. Die Blüten und Früchte sind ohne Bedeutung.
Standort: Die Gelbe Zwerg-Fadenzypresse braucht frische, sandig-humose oder sandig-lehmige Böden mit sauren bis alkalischen pH-Werten. Sie verträgt Kalk; der Standort sollte sonnig bis absonnig sein.
Verwendung: Benutzt wird Chamaecyparis pisifera 'Filifera Nana Aurea' als Solitärgehölz in Gärten, Atrium-Gärten, großen Pflanzgefäßen und auf großen Grabanlagen.

Abteilung 14: Gehölze mit nadelförmigen Blättern, schuppenartig am Ast sitzend

Cupressocyparis leylandii
(Bastardzypresse, Leylandzypresse, Grüne Baumzypresse)

Beschreibung: Cupressocyparis leylandii, die Leylandcypresse, ist ein Großbaum, der bis zur Spitze mit durchgehendem Stamm wächst. Die Äste stehen fast waagerecht ab und sind regelmäßig aber locker verteilt. Die Krone ist kegel- bzw. säulenförmig aufgebaut. Die Bastardzypresse wächst sehr schnell und erreicht im Alter eine Höhe von 20 bis 30 m. Die Nadeln sind dunkelgrün gefärbt, liegen schuppenartig an und duften angenehm harzig. Blüte und Früchte sind ohne Bedeutung.
Standort: Die Leylandzypresse braucht frische, humose Lehmböden mit sauren bis alkalischen pH-Werten. Sie verträgt Kalk; der Standort sollte sonnig bis absonnig sein. Sie verträgt salzhaltige Luft, innerstädtisches Klima und ist widerstandsfähig gegen Immissionen.
Verwendung: Benutzt wird Cupressocyparis leylandii als Solitär- und Gruppengehölz in großen Gärten, Parkanlagen und Friedhöfen sowie als Sichtschutzhecke.

Abteilung 14: Gehölze mit nadelförmigen Blättern, schuppenartig am Ast sitzend

Juniperus chinensis 'Mint Julep' (Chinesischer Wacholder 'Mint Julep', China Wacholder 'Mint Julep')

Beschreibung: Juniperus chinensis 'Mint Julep' ist ein Strauch, der elegant bogig auseinanderstrebend, später schirmartig überhängend wächst. Er erreicht im Alter eine Wuchshöhe von etwa 3 m. Die schuppenförmigen bis nadelartigen Blätter sind frischgrün (im Austrieb auch gelblich); sie duften frisch-aromatisch. Blüten und Früchte haben keine Bedeutung.
Standort: Der Chinesische Wacholder 'Mint Julep' gedeiht auf allen Gartenböden mit sauren bis alkalischen pH-Werten. Er verträgt Kalk, wächst auch im Schatten und ist unempfindlich gegenüber Immissionen.
Verwendung: Verwendet wird der China Wacholder 'Mint Julep' als Gruppen- und Solitärgehölz in Gärten und Dachgärten, als Flächendecker und zur Begrünung von Böschungen sowie zur Bepflanzung von Kübeln, Trögen und anderen Pflanzgefäßen.

Abteilung 14: Gehölze mit nadelförmigen Blättern, schuppenartig am Ast sitzend

Juniperus virginiana 'Grey Owl'
(Strauch-Wacholder 'Grey Owl', Wacholder 'Grey Owl')

Beschreibung: Juniperus virginiana 'Grey Owl' ist ein Strauch, der vom Boden an breit trichterförmig auseinander strebend wächst. Er erreicht im Alter eine Wuchshöhe von etwa 2 bis 3 m und eine Breite von 4 bis 5 m. Die schuppenförmigen bis nadelartigen Blätter sind graugrün, auf mageren Standorten können sie auch graublaue Farbe annehmen. Blüten und Früchte haben keine Bedeutung.
Standort: Der Strauch-Wacholder 'Grey Owl' gedeiht auf trockenen bis frischen Böden mit schwach sauren bis stark alkalischen pH-Werten. Er liebt Kalk, verträgt Immissionen und innerstädtisches Klima. Der Standort kann vollsonnig bis absonnig sein.
Verwendung: Verwendet wird Juniperus virginiana 'Grey Owl' als Gruppen- und Solitärgehölz in Gärten und Parks, als Flächendecker und zur Begrünung von Böschungen sowie als immergrünes Sichtschutzgehölz.

Abteilung 14: Gehölze mit nadelförmigen Blättern, schuppenartig am Ast sitzend

Sequoiadendron giganteum
(Mammutbaum, Wellingtonie)

Beschreibung: Sequoiadendron giganteum ist ein Groß-Baum mit einer Wuchshöhe von bis zu 35 m (an geeigneten Standorten möglicherweise auch deutlich mehr). Er wächst kegelförmig mit durchgehendem Stamm bis zur Spitze. Die Äste stehen waagerecht ab mit hängenden Zweigen. Die ca. 6 mm langen Nadeln sind graugrün gefärbt, schuppenförmig und zugespitzt. An Seitentrieben können sie auch eine bläulichgrüne Farbe und linealische Form annehmen. Die einhäusigen Blüten erscheinen im März und April an der Spitze vorjähriger Triebe. Die männlichen Blüten sind gelb, die weiblichen grün gefärbt. Die eiförmigen, 5 bis 6 cm großen Zapfen sind im reifen Zustand dunkelbraun gefärbt.
Standort: Der Mammutbaum ist ein Tief- bzw. Pfahlwurzler. Er braucht frische bis feuchte, sandige oder kiesige, tiefgründige und nährstoffreiche Böden mit sauren bis alkalischen pH-Werten. Er verträgt Kalk, ist gegenüber Immissionen unempfindlich, aber in der Jugend nur bedingt winterhart. Der Standort sollte vollsonnig bis absonnig sein.
Verwendung: Benutzt wird der Mammutbaum in sehr großen Gärten und Parkanlagen als Gruppen- und Solitärgehölz.

Abteilung 14: Gehölze mit nadelförmigen Blättern, schuppenartig am Ast sitzend

Thuja occidentalis 'Smaragd' (Smaragd-Lebensbaum, Lebensbaum 'Smaragd', Abendländischer Lebensbaum)

Beschreibung: Thuja occidentalis 'Smaragd' ist ein Groß-Strauch mit einer Wuchshöhe von 5 bis 6 m. Er wächst schmal kegelförmig und bleibt auch im hohen Alter dicht geschlossen. Die schuppenförmigen, frischgrünen Nadeln liegen dachziegelartig an. Die Blüten sind ohne Bedeutung. Die eiförmigen Zapfen sind ca. 1,2 cm groß und werden nur selten gebildet.

Standort: Der Smaragd-Lebensbaum ist ein Flachwurzler mit feinem Wurzelsystem. Er braucht frische bis feuchte, sandig-humose Böden mit schwach sauren bis alkalischen pH-Werten und toleriert Kalk. Der Standort sollte sonnig bis absonnig sein.

Verwendung: Benutzt wird der Smaragd-Lebensbaum im Siedlungsbereich als Gruppen- und Solitärgehölz und für immergrüne Hecken.

Hinweis: Alle Teile von Thuja occidentalis und die seiner Sorten sind stark giftig!

Abteilung 14: Gehölze mit nadelförmigen Blättern, schuppenartig am Ast sitzend

Thuja plicata 'Excelsa'
(Riesen-Lebensbaum, Lebensbaum 'Excelsa')

Beschreibung: Thuja plicata 'Excelsa' ist ein Baum mit einer Wuchshöhe von 10 bis 15 m. Er wächst schmal kegelförmig mit durchgehendem Stamm und fast waagerecht abstehenden Ästen. Die schuppenförmigen, dunkelgrünen, glänzenden Nadeln liegen dachziegelartig an; zerrieben riechen sie aromatisch. Die Blüten und Früchte sind ohne Bedeutung.

Standort: Der Riesen-Lebensbaum ist ein Flachwurzler. Er braucht mäßig trockene bis frische, nährstoffreiche und tiefgründige Lehmböden mit sauren bis alkalischen pH-Werten; er toleriert Kalk. Der Standort sollte sonnig bis absonnig sein.

Verwendung: Benutzt wird der Riesen-Lebensbaum im Siedlungsbereich als Gruppen- und Solitärgehölz für große Gärten und Parkanlagen.

Pflanzenverzeichnis, geordnet nach botanischen Namen

A

Abies concolor (Kolorado-Tanne, Grau-Tanne) 240
Abies koreana (Korea-Tanne, Zapfen-Tanne) 241
Abies nobilis 'Glauca' (Edel-Silber-Tanne, Silber-Tanne 'Glauca') 242
Abies nordmanniana (Nordmanns-Tanne, Kaukasus-Tanne) 243
Acer campestre (Feld-Ahorn) 3
Acer japonicum 'Aconitifolium' (Japanischer Feuerahorn) 4
Acer negundo (Eschen-Ahorn) 43
Acer palmatum 'Dissectum' (Grüner Schlitz-Ahorn) 5
Acer platanoides (Spitz-Ahorn) 6
Acer pseudoplatanus (Berg-Ahorn) 7
Acer saccharinum (Silber-Ahorn) 8
Actinidia arguta (Scharfzähniger Strahlengriffel, Strahlengriffel, Wilde Kiwi) 223
Actinidia chinensis (Chinesischer Strahlengriffel, Kiwi) 224
Actinidia kolomikta (Buntblättriger Strahlengriffel, Kiwi) 225
Aesculus hippocastanum (Rosskastanie) 31
Aesculus parviflora (Strauch-Kastanie) 33
Aesculus x carnea (Rotblühende Rosskastanie, Rote Rosskastanie) 30
Aesculus x neglecta (Carolina-Rosskastanie) 32
Ailanthus altissima (Götterbaum, Drüsiger Götterbaum) 44
Akebia quinata (Akebie, Klettergurke, Fingerblättrige Akebie) 34
Alnus glutinosa (Rot-Erle, Schwarz-Erle) 119
Alnus incana 'Aurea' (Gold-Erle 'Aurea') 120
Amelanchier lamarckii (Kupfer-Felsenbirne) 176
Araucaria araucana (Andentanne, Schmucktanne, Chilenische Schmucktanne) 143
Aristolochia macrophylla (Amerikanische Pfeifenwinde, Pfeifenwinde, Pfeifenblume) 226
Aucuba japonica 'Variegata' (Buntlaubige Aukube 'Variegata') 177

B

Berberis gagnepainii var. lanceifolia (Lanzen-Berberitze, Immergrüne Lanzen-Berberitze) 178
Berberis julianae (Großblättrige Berberitze, Julianes Berberitze) 179

Berberis thunbergii (Grüne Hecken-Berberitze) 80
Berberis verruculosa (Warzen-Berberitze) 81
Betula papyrifera (Papier-Birke) 82
Betula pendula (Sand-Birke, Weiß-Birke) 217
Buddleja alternifolia (Sommerflieder, Buddleie) 144
Buddleja davidii (Schmetterlingsstrauch, Buddleie) 145
Buddleja davidii 'Black Knight' (Schmetterlingsstrauch 'Black Knight') 146
Buxus sempervirens (Buchsbaum, Europäischer Buchsbaum) 180

C

Callicarpa bodinieri (Schönfrucht, Liebesperlen-Strauch) 181
Calluna vulgaris (Sommer-Heide, Besen-Heide) 272
Calycanthus floridus (Echter Gewürzstrauch) 147
Carpinus betulus (Hainbuche, Weißbuche) 109
Castanea sativa (Edel-Kastanie, Ess-Kastanie, Marone) 148
Catalpa bignonioides (Trompetenbaum, Zigarrenbaum, Südlicher Trompetenbaum) 227
Ceanothus thyrsiflorus (Säckelblume) 110
Cercidiphyllum japonicum (Katsurabaum, Kuchenbaum) 228
Cercis siliquastrum (Judasbaum, Gemeiner Judasbaum, Herzbaum) 229
Chaenomeles speciosa (Hochwachsende Zierquitte) 182
Chamaecyparis lawsoniana 'Alumii Gold' (Scheinzypresse 'Alumii Gold') 273
Chamaecyparis lawsoniana 'Columnaris Glauca' (Blaue Säulen-Scheinzypresse, Blaue Säulenzypresse, Scheinzypresse Columnaris, Lawsons Scheinzypresse) 274
Chamaecyparis lawsoniana 'Golden Wonder' (Gelbe Garten-Scheinzypresse, Scheinzypresse 'Golden Wonder', Lawsons Scheinzypresse 'Golden Wonder') 275
Chamaecyparis lawsoniana 'Stardust' (Lawsons Scheinzypresse 'Stardust') 276
Chamaecyparis nootkatensis 'Pendula' (Mähnen-Nootka-Scheinzypresse, Hänge-Nutkazypresse, Mähnenscheinzypresse) 277

Pflanzenverzeichnis, geordnet nach botanischen Namen

Chamaecyparis obtusa 'Nana Gracilis' (Kleine Muschel-Scheinzypresse, Kleine Muschelzypresse 'Nana Gracilis', Japanische Muschelzypresse) 278
Chamaecyparis pisifera 'Filifera Nana Aurea' (Gelbe Zwerg-Fadenzypresse) 279
Clematis alpina (Alpen-Waldrebe) 45
Clematis macropetala 'Rosy O'Grady' (Großblütige Waldrebe 'Rosy O'Grady') 47
Clematis macropetala 'Blue Bird' (Großblütige Waldrebe 'Blue Bird') 46
Clematis montana (Berg-Waldrebe) 48
Clematis montana 'Marjorie' (Berg-Waldrebe 'Marjorie') 49
Clematis montana 'Rubens' (Berg-Waldrebe 'Rubens') 50
Clematis montana 'Tetrarose' (Berg-Waldrebe 'Tetrarose') 51
Clematis vitalba (Gewöhnliche Waldrebe, Gemeine Waldrebe) 53
Clematis-Hybride 'Nelly Moser' (Großblumige Clematis 'Nelly Moser') 52
Cornus alba 'Sibirica' (Purpur-Hartriegel) 83
Cornus florida f. rubra (Roter Blüten-Hartriegel) 149
Cornus kousa var. chinensis (Chinesischer Blumen-Hartriegel) 183
Cornus mas (Kornelkirsche) 184
Corylus avellana (Haselnuss, Wald-Hasel) 230
Corylus avellana 'Contorta' (Korkenzieher-Haselnuss, Korkenzieher-Hasel) 231
Corylus colurna (Baum-Hasel, Türkischer Baum-Hasel) 121
Cotinus coggygria (Grüner Perückenstrauch, Perückenstrauch) 131
Cotinus coggygria 'Rubra' (Roter Perückenstrauch) 132
Cotoneaster bullatus (Großblättrige Strauchmispel, Runzelige Steinmispel) 150
Cotoneaster dammeri 'Eichholz' (Zwergmispel, Teppichmispel) 185
Cotoneaster dammeri 'Radicans' (Zwergmispel, Teppichmispel) 186
Cotoneaster dielsianus (Graue Strauchmispel) 122
Cotoneaster divaricatus (Breite Strauchmispel) 187
Cotoneaster salicifolius var. floccosus (Immergrüne Strauchmispel, Weidenblättrige Hängemispel) 151
Crataegus laevigata 'Paul's Scarlet' (Rotdorn 'Paul's Scarlet') 9

Crataegus monogyna (Eingriffliger Weißdorn) 10
Cupressocyparis leylandii (Bastardzypresse, Leylandzypresse, Grüne Baumzypresse) 280
Cytisus purpureus (Purpurginster, Rosenginster) 54
Cytisus scoparius (Besenginster, Besenpfriem, Bram, Besen-Ginster) 55

D
Deutzia scabra 'Plena' (Rosa Gefüllte Deutzie) 152

E
Elaeagnus multiflora (Essbare Ölweide, Reichblütige Ölweide) 188
Erica carnea (Winterheide, Schneeheide, Winter-Heide, Schnee-Heide) 244
Euonymus alatus (Korkflügelstrauch, Flügel-Spindelbaum) 84
Euonymus alatus 'Compactus' (Korkflügelstrauch 'Compacta', Flügel-Spindelbaum 'Compacta') 189
Euonymus fortunei 'Emerald'n Gold' (Gelbbunte Kriechspindel, Kriechspindel, Spindelstrauch) 190
Exochorda racemosa (Prachtspiere, Chinesische Radspiere, Sparrige Prunkspiere) 111

F
Fagus sylvatica (Rot-Buche, Buche) 85
Fagus sylvatica 'Purpurea' (Blut-Buche) 86
Fallopia baldschuanica (Bucharischer Knöterich, Schlingknöterich, Kletter-Knöterich) 123
Forsythia x intermedia (Forsythie, Goldglöckchen) 112
Fothergilla gardenii (Federbusch, Erlenblättriger Federbusch) 87
Fraxinus excelsior (Gemeine Esche, Gewöhnliche Esche, Esche) 56
Fraxinus ornus (Blumen-Esche, Manna-Esche) 57

G
Gaultheria procumbens (Rote Teppichbeere, Scheinbeere) 191
Genista tinctoria (Färber-Ginster) 192
Ginkgo biloba (Fächerblattbaum, Ginkgo, Ginkgobaum) 218

Pflanzenverzeichnis, geordnet nach botanischen Namen

H

Halesia carolina (Maiglöckchenstrauch, Schneeglöckchenstrauch) 88
Hamamelis japonica (Japanische Zaubernuss) 124
Hamamelis mollis (Lichtmess-Zaubernuss)125
Hamamelis x intermedia 'Westerstede' (Zaubernuss 'Westerstede') 126
Hedera colchica 'Arborescens' (Kolchischer Efeu, Kaukasus-Efeu) 193
Hedera helix (Efeu, gewöhnlicher Efeu) 11
Hibiscus syriacus (Strauch-Eibisch) 12
Hibiscus syriacus 'Leopoldii' (Strauch-Eibisch 'Leopoldii') 13
Hippophae rhamnoides (Sanddorn) 153
Hydrangea anomala ssp. petiolaris (Kletter-Hortensie) 232
Hydrangea aspera (Raue Hortensie, Fell-Hortensie) 133
Hydrangea macrophylla (Garten-Hortensie) 134
Hydrangea paniculata (Rispen-Hortensie) 89
Hydrangea sargentiana (Samt-Hortensie) 90
Hypericum 'Hidcote' (Großblumiges Johanniskraut, Großblumiger Johannisstrauch) 154
Hypericum androsaemum 'Autumn Blaze' (Mannsblut) 194
Hypericum calycinum (Johanniskraut, Immergrünes Johanniskraut 195

I

Ilex aquifolium (Ilex, Stechpalme) 91
Ilex aquifolium 'J. C. van Tol' (Ilex, Stechpalme, Stechpalme 'J. C. van Tol') 92
Ilex x meserveae 'Blue Princess' (Reichfruchtende Stechpalme) 113

J

Jasminum nudiflorum (Winter-Jasmin, Gelber Winter-Jasmin, Winterjasmin) 58
Juglans regia (Walnuss, Welschnuss, Nussbaum) 59
Juniperus chinensis 'Mint Julep' (Chinesischer Wacholder 'Mint Julep', China Wacholder 'Mint Julep') 281
Juniperus communis (Gemeiner Wacholder) 245
Juniperus communis 'Hibernica' (Irischer Säulen-Wacholder) 246
Juniperus communis 'Hornibrookii' (Teppich-Wacholder) 247

Juniperus virginiana 'Grey Owl' (Strauch-Wacholder 'Grey Owl', Wacholder 'Grey Owl') 282

K

Kerria japonica 'Pleniflora' (Gefüllter Ranunkelstrauch, Gefüllte Goldkerrie) 114
Kolkwitzia amabilis (Perlmuttstrauch, Kolkwitzie) 127

L

Laburnum anagyroides (Gewöhnlicher Goldregen, Gemeiner Goldregen, Goldregen) 60
Laburnum x watereri 'Vossii' (Edel-Goldregen, Goldregen 'Vossii') 61
Larix decidua (Europäische Lärche) 259
Larix kaempferi (Japanische Lärche) 260
Lavandula angustifolia (Lavendel) 155
Ligustrum vulgare (Liguster, Rainweide) 196
Liquidambar styraciflua (Amberbaum) 14
Liriodendron tulipifera (Tulpenbaum, Amerikanischer Tulpenbaum) 15
Lonicera caprifolium (Jelängerjelieber, Wohlriechendes Geißblatt) 128
Lonicera henryi (Immergrünes Geißblatt, Immergrüne Geißschlinge, Henrys Geißblatt) 156
Lonicera nitida 'Maigrün' (Heckenmyrte, Immergrüne Heckenkirsche, Immergrüne Strauch-Heckenkirsche 'Maigrün') 199
Lonicera x brownii 'Dropmore Scarlet' (Geißblatt 'Dropmore Scarlet', Rote Geißschlinge) 197
Lonicera x heckrottii (Geißblatt 'Heckrottii', Feuer-Geißschlinge) 198
Lonicera x tellmanniana (Gold-Geißschlinge, Gold-Geißblatt) 200
Lonicera xylosteum (Rote Heckenkirsche) 93

M

Magnolia liliiflora 'Nigra' (Purpur-Magnolie, Purpur-Magnolie 'Nigra') 94
Magnolia stellata (Stern-Magnolie) 96
Magnolia tripetala (Schirm-Magnolie) 201
Magnolia x soulangiana (Tulpen-Magnolie) 95
Mahonia aquifolium (Mahonie, Gewöhnliche Mahonie) 62
Mahonia bealei (Schmuck-Mahonie) 63
Malus-Hybride 'Wintergold' (Zierapfel 'Wintergold') 135
Mespilus germanica (Echte Mispel, Mispel) 157

Pflanzenverzeichnis, geordnet nach botanischen Namen

Metasequoia glyptostroboides (Urweltmammutbaum, Chinesisches Rotholz) 248

N
Nothofagus antarctica (Scheinbuche, Pfennigbuche, Südbuche) 97

P
Pachysandra terminalis (Schattengrün, Dickanthere, Ysander, Dickmännchen) 98
Parrotia persica (Parrotie, Eisenholz) 99
Parthenocissus quinquefolia (Wilder Wein, Selbstkletternde Jungfernrebe) 35
Parthenocissus tricuspidata 'Veitchii' (Wilder Wein, Dreispitz-Jungfernrebe) 16
Paulownia tomentosa (Paulownie, Blauglockenbaum, Kaiser-Paulownie) 115
Philadelphus x virginalis (Falscher Jasmin, Pfeifenstrauch) 100
Physocarpus opulifolius 'Dart's Gold' (Fasanenspiere, Blasenspiere 'Darts Gold') 17
Physocarpus opulifolius 'Diabolo' (Teufelsstrauch) 18
Picea abies (Gewöhnliche Fichte, Rot-Fichte, Gemeine Fichte, Rottanne) 249
Picea glauca 'Conica' (Zuckerhut-Fichte, Zwerghut-Fichte) 250
Picea omorica (Serbische Fichte, Omorika-Fichte) 251
Picea pungens 'Glauca' (Blau-Fichte, Blaue Stech-Fichte) 252
Pieris japonica (Hängendes Schattenglöckchen, Japanische Lavendelheide, Japanischer Weißglockenstrauch) 158
Pieris japonica 'Little Heath' (Japanische Lavendelheide, Japanischer Weißglockenstrauch, Hängendes Schattenglöckchen) 159
Pieris japonica 'Red Mill' (Hängendes Schattenglöckchen, Japanische Lavendelheide, Japanischer Weißglockenstrauch) 160
Pinus cembra (Zirbel-Kiefer, Arve) 261
Pinus mugo (Berg-Kiefer, Krummholz-Kiefer, Latsche, Leg-Föhre) 262
Pinus pumila 'Glauca' (Blaue Kriech-Kiefer, Ostasiatische Zwerg-Kiefer) 263
Pinus strobus (Strobe, Weymouths-Kiefer) 264
Pinus strobus 'Radiata' (Zwerg-Strobe, Streichel-Kiefer) 265
Pinus sylvestris 'Fastigiata' (Säulen-Kiefer) 266
Pinus wallichiana (Tränen-Kiefer) 267
Platanus x hispanica (Platane) 19
Populus nigra 'Italica' (Säulen-Pappel) 219

Potentilla fruticosa 'Goldteppich' (Potentille, Fingerstrauch) 36
Potentilla fruticosa 'Snowflake' (Potentille, Fingerstrauch) 37
Potentilla fruticosa 'Sommerflor' (Potentille, Fingerstrauch) 38
Prunus avium (Vogelkirsche, Wildkirsche) 202
Prunus cerasifera 'Nigra' (Blut-Pflaume) 203
Prunus laurocerasus (Lorbeerkirsche) 204
Prunus serrula (Mahagoni-Kirsche, Tibetanische Kirsche) 161
Prunus serrulata 'Kanzan' (Hohe Nelken-Kirsche, Japanische Blüten-Kirsche) 101
Prunus spinosa (Schlehe, Schwarzdorn) 162
Prunus tenella (Zwerg-Mandel) 163
Prunus triloba (Mandelbäumchen, Mandelröschen) 102
Pseudotsuga menziesii (Douglasie) 253
Pyracantha coccinea (Feuerdorn) 103

Q
Quercus palustris (Sumpf-Eiche) 20
Quercus robur (Sommer-Eiche, Stiel-Eiche) 21
Quercus robur 'Fastigiata' (Säuleneiche, Pyramiden-Eiche) 22

R
Ribes sanguineum (Blut-Johannisbeere) 23
Robinia pseudoacacia (Robinie, Schein-Akazie) 64
Robinia pseudoacacia 'Umbraculifera' (Kugel-Robinie) 65
Rosa 'Leonardo Da Vinci' (Polyantha-Rose 'Leonardo Da Vinci') 67
Rosa 'Schöne Dortmunderin' (Beetrose 'Schöne Dortmunderin') 70
Rosa canina (Hunds-Rose) 66
Rosa rugosa (Kartoffel-Rose) 68
Rosa rugosa 'White Hedge' (Apfel-Rose) 69

S
Salix alba (Silber-Weide, Weiß-Weide) 164
Salix alba 'Tristis' (Hänge-Weide, Trauer-Weide) 165
Salix aurita (Öhrchen-Weide, Ohr-Weide, Salbei-Weide) 104
Salix caprea (Sal-Weide, Palm-Weide) 205
Salix caprea 'Pendula' (Hänge-Kätzchen-Weide, Hängende Kätzchen-Weide) 206
Salix melanostachys [Salix gracilistyla var. melanostachys] (Schwarzkätzchen-Weide) 166

Pflanzenverzeichnis, geordnet nach botanischen Namen

Sambucus nigra (Schwarzer Holunder, Flieder-beere) 71
Sciadopitys verticillata (Schirmtanne, Japanische Schirmtanne) 268
Sequoiadendron giganteum (Mammutbaum, Wellingtonie) 283
Skimmia japonica (Frucht-Skimmie, Japanische Skimmie) 207
Skimmia japonica 'Foremanii' (Blüten-Skimmie) 208
Sorbus aucuparia (Eberesche, Vogelbeerbaum) 72
Sorbus intermedia (Schwedische Mehlbeere) 105
Spiraea japonica 'Albiflora' (Weißblütiger Spierstrauch) 167
Spiraea japonica 'Little Princess' (Rosa Zwerg-Spiere, Japan-Spiere) 168
Spiraea x bumalda 'Goldflamme' (Rote Sommer-Spiere, Niedriger Spierstrauch) 69
Spiraea x vanhouttei (Pracht-Spiere) 24
Stachyurus praecox (Japanische Schweifähre) 209
Staphylea pinnata (Gemeine Pimpernuss) 73
Stephanandra tanakae (Große Kranzspiere) 25
Symphoricarpos x doorenbosii 'Amethyst' (Perlmuttbeere) 136
Syringa microphylla 'Superba' (Herbst-Flieder, Öfterblühender Flieder) 210
Syringa vulgaris (Wild-Flieder, Gemeiner Flieder) 233

T

Tamarix parviflora (Tamariske, Frühlings-Tamariske) 170
Taxus baccata (Gewöhnliche Eibe, Gemeine Eibe, Europäische Eibe, Eibe) 254
Taxus baccata 'Fastigiata Robusta' (Spitze Säulen-Eibe, Säulen-Eibe Robust) 255
Thuja occidentalis 'Smaragd' (Smaragd-Lebensbaum, Lebensbaum 'Smaragd', Abendländischer Lebensbaum) 284

Thuja plicata 'Excelsa' (Riesen-Lebensbaum, Lebensbausm 'Excelsa') 285
Tilia cordata (Winter-Linde, Stein-Linde) 234
Tilia platyphyllos (Sommer-Linde) 235
Tilia tomentosa (Silber-Linde) 236

U

Ulmus carpinifolia (Feld-Ulme, Feld-Rüster) 106

V

Vaccinium vitis-idaea (Preiselbeere, Kronsbeere) 107
Viburnum davidii (Davids Schneeball, Immergrüner Kissen-Schneeball) 212
Viburnum opulus (Gewöhnlicher Schneeball) 26
Viburnum opulus 'Compactum' (Schneeball 'Compactum') 27
Viburnum opulus 'Roseum' (Echter Schneeball, Gefüllter Schneeball) 28
Viburnum plicatum 'Mariesii' (Japanischer Etagen-Schneeball, Breitwachsender Schneeball) 137
Viburnum rhytidophyllum (Runzelblättriger Schneeball) 116
Viburnum x bodnantense 'Dawn' (Duftender Winter-Schneeball, Winter-Schneeball) 211
Vinca minor (Kleines Immergrün, Immergrün) 213

W

Weigela florida (Weigelie, Hoher Glockenstrauch) 138
Weigela florida 'Nana Variegata' (Hoher Glockenstrauch 'Nana Variegata') 214
Weigela-Hybride 'Eva Rathke' (Weigelie 'Eva Rathke') 215
Wisteria sinensis (Chinesischer Blauregen, Glycine, China-Wisterie) 74
Wisteria sinensis 'Alba' (Chinesischer Blauregen, Glycine, China-Wisterie) 75

Pflanzenverzeichnis, geordnet nach deutschen Namen

A

Abendländischer Lebensbaum, Smaragd-Lebensbaum, Lebensbaum 'Smaragd' (Thuja occidentalis 'Smaragd') 284
Akebie, Klettergurke, Fingerblättrige Akebie (Akebia quinata) 34
Alpen-Waldrebe (Clematis alpina) 45
Amberbaum, Amerikanischer Amberbaum (Liquidambar styraciflua) 14
Amerikanische Pfeifenwinde, Pfeifenwinde, Pfeifenblume (Aristolochia macrophylla) 226
Andentanne, Schmucktanne, Chilenische Schmucktanne (Araucaria araucana) 143
Apfel-Rose (Rosa rugosa 'White Hedge') 69
Arve, Zirbel-Kiefer (Pinus cembra) 261

B

Bastardzypresse, Leylandzypresse, Grüne Baumzypresse (Cupressocyparis leylandii) 280
Baum-Hasel, Türkischer Baum-Hasel (Corylus colurna) 121
Berg-Ahorn (Acer pseudoplatanus) 7
Berg-Kiefer, Krummholz-Kiefer, Latsche, Leg-Föhre (Pinus mugo) 262
Berg-Waldrebe (Clematis montana) 48
Berg-Waldrebe 'Marjorie' (Clematis montana 'Marjorie') 49
Berg-Waldrebe 'Rubens' (Clematis montana 'Rubens') 50
Berg-Waldrebe 'Tetrarose' (Clematis montana 'Tetrarose') 51
Besenginster, Besenpfriem, Bram, Besen-Ginster (Cytisus scoparius) 55
Besen-Heide, Sommer-Heide (Calluna vulgaris) 272
Besenpfriem, Besenginster, Bram, Besen-Ginster (Cytisus scoparius) 55
Blasenspiere 'Darts Gold', Fasanenspiere (Physocarpus opulifolius 'Dart's Gold') 17
Blaue Kriech-Kiefer, Ostasiatische Zwerg-Kiefer (Pinus pumila 'Glauca') 263
Blaue Säulen-Scheinzypresse, Blaue Säulenzypresse, Scheinzypresse Columnaris, Lawsons Scheinzypresse (Chamaecyparis lawsoniana 'Columnaris Glauca') 274
Blaue Säulenzypresse, Blaue Säulen-Scheinzypresse, Scheinzypresse Columnaris, Lawsons Scheinzypresse (Chamaecyparis lawsoniana 'Columnaris Glauca') 274

Blaue Stech-Fichte, Blau-Fichte (Picea pungens 'Glauca') 252
Blau-Fichte, Blaue Stech-Fichte (Picea pungens 'Glauca') 252
Blauglockenbaum, Paulownie, Kaiser-Paulownie (Paulownia tomentosa) 115
Blumen-Esche, Manna-Esche (Fraxinus ornus) 57
Blut-Buche (Fagus sylvatica 'Purpurea') 86
Blüten-Skimmie (Skimmia japonica 'Foremanii') 208
Blut-Johannisbeere (Ribes sanguineum) 23
Blut-Pflaume (Prunus cerasifera 'Nigra') 203
Bram, Besenginster, Besenpfriem, Besen-Ginster (Cytisus scoparius) 55
Breite Strauchmispel (Cotoneaster divaricatus) 187
Breitwachsender Schneeball, Japanischer Etagen-Schneeball (Viburnum plicatum 'Mariesii') 137
Bucharischer Knöterich, Schlingknöterich, Kletter-Knöterich (Fallopia baldschuanica) 123
Buche, Rot-Buche (Fagus sylvatica) 85
Buchsbaum, Europäischer Buchsbaum (Buxus sempervirens) 180
Buddleie, Schmetterlingsstrauch (Buddleja davidii) 145
Buddleie, Sommerflieder (Buddleja alternifolia) 144
Buntblättriger Strahlengriffel, Kiwi (Actinidia kolomikta) 225
Buntlaubige Aukube 'Variegata' (Aucuba japonica 'Variegata') 177

C

Carolina-Rosskastanie (Aesculus x neglecta) 32
Chilenische Schmucktanne, Andentanne, Schmucktanne (Araucaria araucana) 143
Chinesische Radspiere, Prachtspiere, Sparrige Prunkspiere (Exochorda racemosa) 111
Chinesischer Blauregen, Glycine, China-Wisterie (Wisteria sinensis) 74
Chinesischer Blauregen, Glycine, China-Wisterie (Wisteria sinensis 'Alba') 75
Chinesischer Blumen-Hartriegel (Cornus kousa var. chinensis) 183
Chinesischer Strahlengriffel, Kiwi (Actinidia chinensis) 224
Chinesischer Wacholder 'Mint Julep', China

Pflanzenverzeichnis, geordnet nach deutschen Namen

Wacholder 'Mint Julep' (Juniperus chinensis 'Mint Julep') 281
Chinesisches Rotholz, Urweltmammutbaum (Metasequoia glyptostroboides) 248

D

Davids Schneeball, Immergrüner Kissen-Schneeball (Viburnum davidii) 212
Douglasie (Pseudotsuga menziesii) 253
Dreispitz-Jungfernrebe, Wilder Wein (Parthenocissus tricuspidata 'Veitchii') 16
Drüsiger Götterbaum, Götterbaum (Ailanthus altissima) 44
Duftender Winter-Schneeball, Winter-Schneeball (Viburnum x bodnantense 'Dawn') 211

E

Eberesche, Vogelbeerbaum (Sorbus aucuparia) 72
Echter Gewürzstrauch (Calycanthus floridus) 147
Echter Schneeball, Gefüllter Schneeball (Viburnum opulus 'Roseum') 28
Edel-Kastanie, Ess-Kastanie, Marone (Castanea sativa) 148
Edel-Silber-Tanne, Silber-Tanne (Abies nobilis 'Glauca') 242
Efeu, Gewöhnlicher Efeu (Hedera helix) S. 11
Eibe, Gewöhnliche Eibe, Gemeine Eibe, Europäische Eibe (Taxus baccata) 254
Eingriffliger Weißdorn (Crataegus monogyna) 10
Eisenholz, Parrotie (Parrotia persica) 99
Erlenblättriger Federbusch, Federbusch (Fothergilla gardenii) 87
Esche, Gemeine Esche, Gewöhnliche Esche (Fraxinus excelsior) 56
Eschen-Ahorn (Acer negundo) 43
Essbare Ölweide, Reichblütige Ölweide (Elaeagnus multiflora) 188
Ess-Kastanie, Edel-Kastanie, Marone (Castanea sativa) 148
Europäischer Buchsbaum, Buchsbaum (Buxus sempervirens) 180

F

Fächerblattbaum, Ginkgo, Ginkgobaum (Ginkgo biloba) 218
Falscher Jasmin, Pfeifenstrauch (Philadelphus x virginalis) 100
Färber-Ginster (Genista tinctoria) 192
Fasanenspiere, Blasenspiere 'Darts Gold' (Physocarpus opulifolius 'Dart's Gold') 17

Federbusch, Erlenblättriger Federbusch (Fothergilla gardenii) 87
Feld-Ahorn (Acer campestre) 3
Fell-Hortensie, Raue Hortensie (Hydrangea aspera) 133
Feuerdorn (Pyracantha coccinea) 103
Feuer-Geißschlinge, Geißblatt 'Heckrottii' (Lonicera x heckrottii) 198
Fingerblättrige Akebie, Akebie, Klettergurke (Akebia quinata) 34
Fingerstrauch, Potentille (Potentilla fruticosa 'Goldteppich') 36
Fingerstrauch, Potentille (Potentilla fruticosa 'Snowflake') 37
Fingerstrauch, Potentille (Potentilla fruticosa 'Sommerflor') 38
Flieder: hier Wild-Flieder, Gemeiner Flieder (Syringa vulgaris) 233
Fliederbeere, Schwarzer Holunder (Sambucus nigra) 71
Flügel-Spindelbaum 'Compacta', Korkflügelstrauch 'Compacta' (Euonymus alatus 'Compactus') 189
Flügel-Spindelbaum, Korkflügelstrauch (Euonymus alatus) 84
Forsythie, Goldglöckchen (Forsythia x intermedia) 112
Frucht-Skimmie, Japanische Skimmie (Skimmia japonica) 207
Frühlings-Tamariske, Tamariske (Tamarix parviflora) 170

G

Garten-Hortensie (Hydrangea macrophylla) 134
Gefüllter Schneeball, Echter Schneeball (Viburnum opulus 'Roseum') 28
Geißblatt 'Dropmore Scarlet', Rote Geißschlinge (Lonicera x brownii 'Dropmore Scarlet') 197
Geißblatt 'Heckrottii', Feuer-Geißschlinge (Lonicera x heckrottii) 198
Gelbbunte Kriechspindel, Kriechspindel, Spindelstrauch (Euonymus fortunei 'Emerald'n Gold) 190
Gelbe Garten-Scheinzypresse, Scheinzypresse 'Golden Wonder', Lawsons Scheinzypresse 'Golden Wonder' (Chamaecyparis lawsoniana 'Golden Wonder') 275
Gelbe Zwerg-Fadenzypresse (Chamaecyparis pisifera 'Filifera Nana Aurea') 279
Gemeine Esche, Gewöhnliche Esche, Esche (Fraxinus excelsior) 56

Pflanzenverzeichnis, geordnet nach deutschen Namen

Gemeine Waldrebe, Gewöhnliche Waldrebe (Clematis vitalba) 53
Gemeiner Judasbaum, Judasbaum, Herzbaum (Cercis siliquastrum) 229
Gemeiner Wacholder (Juniperus communis) 245
Gewöhnliche Fichte, Rot-Fichte, Gemeine Fichte, Rottanne (Picea abies) 249
Gewöhnliche Waldrebe, Gemeine Waldrebe (Clematis vitalba) 53
Gewöhnlicher Efeu, Efeu (Hedera helix) S. 11
Gewöhnlicher Schneeball (Viburnum opulus) 26
Glycine, Chinesischer Blauregen, China-Wisterie (Wisteria sinensis) 74
Glycine, Chinesischer Blauregen, China-Wisterie (Wisteria sinensis 'Alba') 75
Gold-Erle 'Aurea' (Alnus incana 'Aurea') 120
Gold-Geißschlinge, Gold-Geißblatt (Lonicera x tellmanniana) 200
Goldglöckchen, Forsythie (Forsythia x intermedia) 112
Goldregen 'Vossii', Edel-Goldregen (Laburnum x watereri 'Vossii') 61
Goldregen, Gewöhnlicher Goldregen, Gemeiner Goldregen (Laburnum anagyroides): 60
Götterbaum, Drüsiger Götterbaum (Ailanthus altissima) 44
Graue Strauchmispel (Cotoneaster dielsianus) 122
Grau-Tanne, Kolorado-Tanne (Abies concolor) 240
Großblättrige Berberitze, Julianes Berberitze (Berberis julianae) 179
Großblättrige Strauchmispel, Runzelige Steinmispel (Cotoneaster bullatus) 150
Großblumige Clematis 'Nelly Moser' (Clematis-Hybride 'Nelly Moser') 52
Großblütige Waldrebe ´Rosy O´Grady´ (Clematis macropetala ´Rosy O´Grady´) 47
Großblütige Waldrebe 'Blue Bird' (Clematis macropetala 'Blue Bird') 46
Große Kranzspiere (Stephanandra tanakae) 25
Grüne Baumzypresse, Bastardzypresse, Leylandzypresse (Cupressocyparis leylandii) 280
Grüne Hecken-Berberitze (Berberis thunbergii) 80
Grüner Perückenstrauch, Perückenstrauch (Cotinus coggygria) 131
Grüner Schlitz-Ahorn (Acer palmatum 'Dissectum') 5

H

Hainbuche, Weißbuche (Carpinus betulus) 109
Hänge-Kätzchen-Weide, Hängende Kätzchen-Weide (Salix caprea 'Pendula') 206
Hängendes Schattenglöckchen, Japanische Lavendelheide, Japanischer Weißglockenstrauch (Pieris japonica) 158
Hängendes Schattenglöckchen, Japanische Lavendelheide, Japanischer Weißglockenstrauch (Pieris japonica 'Little Heath') 159
Hängendes Schattenglöckchen, Japanische Lavendelheide, Japanischer Weißglockenstrauch (Pieris japonica 'Red Mill'): 160
Hänge-Nutkazypresse, Mähnen-Nootka-Scheinzypresse, Mähnenscheinzypresse (Chamaecyparis nootkatensis 'Pendula') 277
Hänge-Weide, Trauer-Weide (Salix alba 'Tristis') 165
Haselnuss, Wald-Hasel (Corylus avellana) 230
Heckenmyrte, Immergrüne Heckenkirsche, Immergrüne Strauch-Heckenkirsche 'Maigrün' (Lonicera nitida 'Maigrün') 199
Henrys Geißblatt, Immergrünes Geißblatt, Immergrüne Geißschlinge (Lonicera henryi) 156
Herbst-Flieder, Öfterblühender Flieder (Syringa microphylla 'Superba') 210
Herzbaum, Judasbaum, Gemeiner Judasbaum (Cercis siliquastrum) 229
Hochwachsende Zierquitte (Chaenomeles speciosa) 182
Hohe Nelken-Kirsche, Japanische Blüten-Kirsche (Prunus serrulata 'Kanzan') 101
Hoher Glockenstrauch 'Nana Variegata' (Weigela florida 'Nana Variegata') 214
Hoher Glockenstrauch, Weigelie (Weigela florida) 138
Hunds-Rose (Rosa canina) 66

I

Ilex, Stechpalme (Ilex aquifolium) 91
Ilex: hier Reichfruchtende Stechpalme (Ilex x meserveae 'Blue Princess') 113
Immergrün, Kleines Immergrün (Vinca minor) 213
Immergrüne Heckenkirsche, Heckenmyrte, Immergrüne Strauch-Heckenkirsche 'Maigrün' (Lonicera nitida 'Maigrün') 199
Immergrüne Lanzen-Berberitze, Lanzen-Berberitze (Berberis gagnepainii var. lanceifolia) 178
Immergrüne Strauchmispel, Weidenblättrige Hängemispel (Cotoneaster salicifolius var. floccosus) 151
Immergrüner Kissen-Schneeball, Davids Schneeball (Viburnum davidii) 212
Immergrünes Geißblatt, Immergrüne Geißschlinge, Henrys Geißblatt (Lonicera henryi) 156

293

Pflanzenverzeichnis, geordnet nach deutschen Namen

Irischer Säulen-Wacholder (Juniperus communis 'Hibernica') 246

J

Japanische Blüten-Kirsche, Hohe Nelken-Kirsche (Prunus serrulata 'Kanzan') 101
Japanische Lärche (Larix kaempferi) 260
Japanische Lavendelheide, Hängendes Schattenglöckchen, Japanischer Weißglockenstrauch (Pieris japonica) 158
Japanische Lavendelheide, Hängendes Schattenglöckchen, Japanischer Weißglockenstrauch (Pieris japonica 'Red Mill'): 160
Japanische Lavendelheide, Japanischer Weißglockenstrauch, Hängendes Schattenglöckchen (Pieris japonica 'Little Heath') 159
Japanische Muschelzypresse, Kleine Muschel-Scheinzypresse, Kleine Muschelzypresse 'Nana Gracilis' (Chamaecyparis obtusa 'Nana Gracilis') 278
Japanische Schirmtanne, Schirmtanne (Sciadopitys verticillata) 268
Japanische Schweifähre (Stachyurus praecox) 209
Japanische Skimmie, Frucht-Skimmie (Skimmia japonica) 207
Japanische Zaubernuss (Hamamelis japonica) 124
Japanischer Etagen-Schneeball, Breitwachsender Schneeball (Viburnum plicatum 'Mariesii') 137
Japanischer Feuerahorn (Acer japonicum 'Aconitifolium') 4
Japanischer Weißglockenstrauch, Hängendes Schattenglöckchen, Japanische Lavendelheide (Pieris japonica) 158
Japanischer Weißglockenstrauch, Hängendes Schattenglöckchen, Japanische Lavendelheide (Pieris japonica 'Red Mill'): 160
Japanischer Weißglockenstrauch, Japanische Lavendelheide, Hängendes Schattenglöckchen (Pieris japonica 'Little Heath') 159
Japan-Spiere, Rosa Zwerg-Spiere (Spiraea japonica 'Little Princess') 168
Jelängerjelieber, Wohlriechendes Geißblatt (Lonicera caprifolium) 128
Johanniskraut, Immergrünes Johanniskraut (Hypericum calycinum) 195
Johanniskraut: hier Großblumiges Johanniskraut, Großblumiger Johannisstrauch (Hypericum 'Hidcote') 154

Judasbaum, Gemeiner Judasbaum, Herzbaum (Cercis siliquastrum) 229
Julianes Berberitze, Großblättrige Berberitze (Berberis julianae) 179

K

Kartoffel-Rose (Rosa rugosa) 68
Katsurabaum, Kuchenbaum (Cercidiphyllum japonicum) 228
Kaukasus-Efeu, Kolchischer Efeu (Hedera colchica 'Arborescens') 193
Kaukasus-Tanne, Nordmanns-Tanne (Abies nordmanniana) 243
Kiwi, Buntblättriger Strahlengriffel (Actinidia kolomikta) 225
Kiwi, Chinesischer Strahlengriffel (Actinidia chinensis) 224
Kleine Muschel-Scheinzypresse, Kleine Muschelzypresse 'Nana Gracilis', Japanische Muschelzypresse (Chamaecyparis obtusa 'Nana Gracilis') 278
Kleine Muschelzypresse 'Nana Gracilis', Kleine Muschel-Scheinzypresse, Japanische Muschelzypresse (Chamaecyparis obtusa 'Nana Gracilis') 278
Kleines Immergrün, Immergrün (Vinca minor) 213
Klettergurke, Akebie, Fingerblättrige Akebie (Akebia quinata) 34
Kletter-Hortensie (Hydrangea anomala ssp. petiolaris) 232
Kletter-Knöterich, Bucharischer Knöterich, Schlingknöterich (Fallopia baldschuanica) 123
Kolchischer Efeu, Kaukasus-Efeu (Hedera colchica 'Arborescens') 193
Kolkwitzie, Perlmuttstrauch (Kolkwitzia amabilis) 127
Kolorado-Tanne, Grau-Tanne (Abies concolor) 240
Korea-Tanne, Zapfen-Tanne (Abies koreana) 241
Korkenzieher-Hasel, Korkenzieher-Haselnuss (Corylus avellana 'Contorta') 231
Korkenzieher-Haselnuss, Korkenzieher-Hasel (Corylus avellana 'Contorta') 231
Korkflügelstrauch 'Compacta', Flügel-Spindelbaum 'Compacta' (Euonymus alatus 'Compactus') 189
Korkflügelstrauch, Flügel-Spindelbaum (Euonymus alatus) 84
Kornelkirsche (Cornus mas) 184
Kriechspindel, Gelbbunte Kriechspindel, Spindelstrauch (Euonymus fortunei 'Emerald'n Gold) 190

Pflanzenverzeichnis, geordnet nach deutschen Namen

Kronsbeere, Preiselbeere (Vaccinium vitis-idaea) 107
Krummholz-Kiefer, Berg-Kiefer, Latsche, Leg-Föhre (Pinus mugo) 262
Kuchenbaum, Katsurabaum (Cercidiphyllum japonicum) 228
Kugel-Robinie (Robinia pseudoacacia 'Umbraculifera') 65
Kupfer-Felsenbirne (Amelanchier lamarckii) 176

L

Lanzen-Berberitze, Immergrüne Lanzen-Berberitze (Berberis gagnepainii var. lanceifolia) 178
Lärche: hier Europäische Lärche (Larix decidua) 259
Latsche, Berg-Kiefer, Krummholz-Kiefer, Leg-Föhre (Pinus mugo) 262
Lavendel (Lavandula angustifolia) 155
Lawsons Scheinzypresse 'Golden Wonder', Gelbe Garten-Scheinzypresse, Scheinzypresse 'Golden Wonder' (Chamaecyparis lawsoniana 'Golden Wonder') 275
Lawsons Scheinzypresse 'Stardust' (Chamaecyparis lawsoniana 'Stardust') 276
Lawsons Scheinzypresse, Blaue Säulen-Scheinzypresse, Blaue Säulenzypresse, Scheinzypresse Columnaris (Chamaecyparis lawsoniana 'Columnaris Glauca') 274
Lebensbaum 'Excelsa', Riesen-Lebensbaum (Thuja plicata 'Excelsa') 285
Lebensbaum 'Smaragd', Smaragd-Lebensbaum, Abendländischer Lebensbaum (Thuja occidentalis 'Smaragd') 284
Leg-Föhre, Berg-Kiefer, Krummholz-Kiefer, Latsche (Pinus mugo) 262
Leylandzypresse, Bastardzypresse, Grüne Baumzypresse (Cupressocyparis leylandii) 280
Lichtmess-Zaubernuss (Hamamelis mollis) 125
Liebesperlen-Strauch, Schönfrucht (Callicarpa bodinieri) 181
Liguster, Rainweide (Ligustrum vulgare) 196
Lorbeerkirsche (Prunus laurocerasus) 204

M

Mahagoni-Kirsche, Tibetanische Kirsche (Prunus serrula) 161
Mähnen-Nootka-Scheinzypresse, Hänge-Nutkazypresse, Mähnenscheinzypresse (Chamaecyparis nootkatensis 'Pendula') 277
Mähnenscheinzypresse, Mähnen-Nootka-Scheinzypresse, Hänge-Nutkazypresse (Chamaecyparis nootkatensis 'Pendula') 277
Mahonie, Gewöhnliche Mahonie (Mahonia aquifolium) 62
Maiglöckchenstrauch, Schneeglöckchenstrauch (Halesia carolina) 88
Mammutbaum, Wellingtonie (Sequoiadendron giganteum) 283
Mandelbäumchen, Mandelröschen (Prunus triloba) 102
Mandelröschen, Mandelbäumchen (Prunus triloba) 102
Manna-Esche, Blumen-Esche (Fraxinus ornus) 57
Mannsblut (Hypericum androsaemum 'Autumn Blaze') 194
Marone, Edel-Kastanie, Ess-Kastanie (Castanea sativa) 148
Mispel, Echte Mispel (Mespilus germanica) 157
Niedriger Spierstrauch, Rote Sommer-Spiere (Spiraea x bumalda 'Goldflamme'): 169

N

Nordmanns-Tanne, Kaukasus-Tanne (Abies nordmanniana) 243

O

Öfterblühender Flieder, Herbst-Flieder (Syringa microphylla 'Superba') 210
Öhrchen-Weide, Ohr-Weide, Salbei-Weide (Salix aurita) 104
Ohr-Weide, Öhrchen-Weide, Salbei-Weide (Salix aurita) 104
Omorika-Fichte, Serbische Fichte (Picea omorica) 251
Ostasiatische Zwerg-Kiefer, Blaue Kriech-Kiefer (Pinus pumila 'Glauca') 263

P

Palm-Weide, Sal-Weide (Salix caprea) 205
Papier-Birke (Betula papyrifera) 82
Parrotie, Eisenholz (Parrotia persica) 99
Paulownie, Blauglockenbaum, Kaiser-Paulownie (Paulownia tomentosa) 115
Perlmuttbeere (Symphoricarpos x doorenbosii 'Amethyst') 136
Perlmuttstrauch, Kolkwitzie (Kolkwitzia amabilis) 127
Perückenstrauch, Grüner Perückenstrauch (Cotinus coggygria) 131
Pfeifenblume, Amerikanische Pfeifenwinde, Pfeifenwinde (Aristolochia macrophylla) 226

Pflanzenverzeichnis, geordnet nach deutschen Namen

Pfeifenstrauch, Falscher Jasmin (Philadelphus x virginalis) 100
Pfeifenwinde, Amerikanische Pfeifenwinde, Pfeifenblume (Aristolochia macrophylla) 226
Pfennigbuche, Scheinbuche, Südbuche (Nothofagus antarctica) 97
Pimpernuss: hier Gemeine Pimpernuss (Staphylea pinnata) S. 73
Platane (Platanus x hispanica) 19
Potentille, Fingerstrauch (Potentilla fruticosa 'Goldteppich') 36
Potentille, Fingerstrauch (Potentilla fruticosa 'Snowflake') 37
Potentille, Fingerstrauch (Potentilla fruticosa 'Sommerflor') 38
Pracht-Spiere (Spiraea x vanhouttei) 24
Prachtspiere, Chinesische Radspiere, Sparrige Prunkspiere (Exochorda racemosa) 111
Preiselbeere, Kronsbeere (Vaccinium vitis-idaea) 107
Purpurginster, Rosenginster (Cytisus purpureus) 54
Purpur-Hartriegel (Cornus alba 'Sibirica') 83
Purpur-Magnolie, Purpur-Magnolie 'Nigra' (Magnolia liliiflora 'Nigra') 94
Pyramiden-Eiche, Säuleneiche (Quercus robur 'Fastigiata') 22

R

Ranunkelstrauch: hier Gefüllter Ranunkelstrauch, Gefüllte Goldkerrie (Kerria japonica 'Pleniflora') 114
Raue Hortensie, Fell-Hortensie (Hydrangea aspera) 133
Reichblütige Ölweide, Essbare Ölweide (Elaeagnus multiflora) 188
Riesen-Lebensbaum, Lebensbaum 'Excelsa' (Thuja plicata 'Excelsa') 285
Rispen-Hortensie (Hydrangea paniculata) 89
Robinie, Schein-Akazie (Robinia pseudoacacia) 64
Rosa Gefüllte Deutzie (Deutzia scabra 'Plena') 152
Rosa Zwerg-Spiere, Japan-Spiere (Spiraea japonica 'Little Princess') 168
Rose: hier Beetrose 'Schöne Dortmunderin' (Rosa 'Schöne Dortmunderin') 70
Rose: hier Polyantha-Rose 'Leonardo Da Vinci' (Rosa 'Leonardo Da Vinci') 67
Rosenginster, Purpurginster (Cytisus purpureus) 54
Rosskastanie (Aesculus hippocastanum) 31
Rotblühende Rosskastanie, Rote Rosskastanie (Aesculus x carnea) 30

Rot-Buche, Buche (Fagus sylvatica) 85
Rotdorn 'Paul's Scarlet' (Crataegus laevigata 'Paul's Scarlet') 9
Rote Geißschlinge, Geißblatt 'Dropmore Scarlet' (Lonicera x brownii 'Dropmore Scarlet') 197
Rote Heckenkirsche (Lonicera xylosteum) 93
Rote Rosskastanie, Rotblühende Rosskastanie (Aesculus x carnea) 30
Rote Sommer-Spiere, Niedriger Spierstrauch (Spiraea x bumalda 'Goldflamme'): 169
Rote Teppichbeere, Scheinbeere (Gaultheria procumbens) 191
Roter Blüten-Hartriegel (Cornus florida f. rubra) 149
Roter Perückenstrauch (Cotinus coggygria 'Rubra') 132
Rot-Erle, Schwarz-Erle (Alnus glutinosa) 119
Rot-Fichte, Gewöhnliche Fichte, Gemeine Fichte, Rottanne (Picea abies) 249
Rottanne, Gewöhnliche Fichte, Rot-Fichte, Gemeine Fichte (Picea abies) 249
Runzelblättriger Schneeball (Viburnum rhytidophyllum) 116
Runzelige Steinmispel, Großblättrige Strauchmispel (Cotoneaster bullatus) 150

S

Säckelblume (Ceanothus thyrsiflorus) 110
Salbei-Weide, Öhrchen-Weide, Ohr-Weide (Salix aurita) 104
Sal-Weide, Palm-Weide (Salix caprea) 205
Samt-Hortensie (Hydrangea sargentiana) 90
Sand-Birke, Weiß-Birke (Betula pendula) 217
Sanddorn (Hippophae rhamnoides) 153
Säulen-Eibe Robust Spitze Säulen-Eibe, (Taxus baccata 'Fastigiata Robusta') 255
Säuleneiche, Pyramiden-Eiche (Quercus robur 'Fastigiata') 22
Säulen-Kiefer (Pinus sylvestris 'Fastigiata') 266
Säulen-Pappel (Populus nigra 'Italica') 219
Scharfzähniger Strahlengriffel, Strahlengriffel, Wilde Kiwi (Actinidia arguta) 223
Schattengrün, Dickanthere, Ysander, Dickmännchen (Pachysandra terminalis) 98
Schein-Akazie, Robinie (Robinia pseudoacacia) 64
Scheinbeere, Rote Teppichbeere (Gaultheria procumbens) 191
Scheinbuche, Pfennigbuche, Südbuche (Nothofagus antarctica) 97
Scheinzypresse 'Alumii Gold' (Chamaecyparis lawsoniana 'Alumii Gold') 273

Pflanzenverzeichnis, geordnet nach deutschen Namen

Scheinzypresse 'Golden Wonder', Gelbe Garten-Scheinzypresse, Lawsons Scheinzypresse 'Golden Wonder' (Chamaecyparis lawsoniana 'Golden Wonder') 275
Scheinzypresse Columnaris, Blaue Säulen-Scheinzypresse, Blaue Säulenzypresse, Lawsons Scheinzypresse (Chamaecyparis lawsoniana 'Columnaris Glauca') 274
Schirm-Magnolie (Magnolia tripetala) 201
Schirmtanne, Japanische Schirmtanne (Sciadopitys verticillata) 268
Schlehe, Schwarzdorn (Prunus spinosa): 162
Schlingknöterich, Bucharischer Knöterich, Kletter-Knöterich (Fallopia baldschuanica) 123
Schmetterlingsstrauch 'Black Knight' (Buddleja davidii 'Black Knight') 146
Schmetterlingsstrauch, Buddleie (Buddleja davidii) 145
Schmuck-Mahonie (Mahonia bealei) 63
Schmucktanne, Andentanne, Chilenische Schmucktanne (Araucaria araucana) 143
Schneeball 'Compactum' (Viburnum opulus 'Compactum') 27
Schneeglöckchenstrauch, Maiglöckchenstrauch (Halesia carolina) 88
Schneeheide, Winterheide, Winter-Heide, Schnee-Heide (Erica carnea) 244
Schönfrucht, Liebesperlen-Strauch (Callicarpa bodinieri) 181
Schwarzdorn, Schlehe (Prunus spinosa): 162
Schwarzer Holunder, Fliederbeere (Sambucus nigra) 71
Schwarz-Erle, Rot-Erle (Alnus glutinosa) 119
Schwarzkätzchen-Weide (Salix melanostachys [Salix gracilistyla var. melanostachys]) 166
Schwedische Mehlbeere (Sorbus intermedia) 105
Selbstkletternde Jungfernrebe, Wilder Wein (Parthenocissus quinquefolia) 35
Serbische Fichte, Omorika-Fichte (Picea omorica) 251
Silber-Ahorn (Acer saccharinum) 8
Silber-Linde (Tilia tomentosa) 236
Silber-Tanne, Edel-Silber-Tanne (Abies nobilis 'Glauca') 242
Silber-Weide, Weiß-Weide (Salix alba) 164
Smaragd-Lebensbaum, Lebensbaum 'Smaragd', Abendländischer Lebensbaum (Thuja occidentalis 'Smaragd') 284
Sommer-Eiche, Stiel-Eiche (Quercus robur) 21
Sommerflieder, Buddleie (Buddleja alternifolia) 144
Sommer-Heide, Besen-Heide (Calluna vulgaris) 272

Sommer-Linde (Tilia platyphyllos) 235
Sparrige Prunkspiere, Prachtspiere, Chinesische Radspiere (Exochorda racemosa) 111
Spindelstrauch, Gelbbunte Kriechspindel, Kriechspindel (Euonymus fortunei 'Emerald'n Gold') 190
Spitz-Ahorn (Acer platanoides) 6
Spitze Säulen-Eibe, Säulen-Eibe Robust (Taxus baccata 'Fastigiata Robusta') 255
Stechpalme 'J. C. van Tol', Ilex, Stechpalme (Ilex aquifolium 'J. C. van Tol') 92
Stechpalme, Ilex (Ilex aquifolium) 91
Stein-Linde, Winter-Linde (Tilia cordata) 234
Stern-Magnolie (Magnolia stellata) 96
Stiel-Eiche, Sommer-Eiche (Quercus robur) 21
Strahlengriffel, Wilde Kiwi, Scharfzähniger Strahlengriffel (Actinidia arguta) 223
Strauch-Eibisch (Hibiscus syriacus) 12
Strauch-Eibisch 'Leopoldii' (Hibiscus syriacus 'Leopoldii') 13
Strauch-Kastanie (Aesculus parviflora) 33
Strauch-Wacholder 'Grey Owl', Wacholder 'Grey Owl' (Juniperus virginiana 'Grey Owl') 282
Streichel-Kiefer, Zwerg-Strobe (Pinus strobus 'Radiata') 265
Strobe, Weymouths-Kiefer (Pinus strobus) 264
Südbuche, Scheinbuche, Pfennigbuche (Nothofagus antarctica) 97
Südlicher Trompetenbaum, Trompetenbaum, Zigarrenbaum (Catalpa bignonioides) 227
Sumpf-Eiche (Quercus palustris) 20

T

Tamariske, Frühlings-Tamariske (Tamarix parviflora): 170
Teppichmispel, Zwergmispel (Cotoneaster dammeri 'Eichholz') 185
Teppichmispel, Zwergmispel (Cotoneaster dammeri 'Radicans') 186
Teppich-Wacholder (Juniperus communis 'Hornibrookii') 247
Teufelsstrauch (Physocarpus opulifolius 'Diabolo') 18
Tibetanische Kirsche, Mahagoni-Kirsche (Prunus serrula) 161
Tränen-Kiefer (Pinus wallichiana) 267
Trauer-Weide, Hänge-Weide (Salix alba 'Tristis') 165
Trompetenbaum, Zigarrenbaum, Südlicher Trompetenbaum (Catalpa bignonioides) 227
Tulpenbaum, Amerikanischer Tulpenbaum (Liriodendron tulipifera) 15

Pflanzenverzeichnis, geordnet nach deutschen Namen

Tulpen-Magnolie (Magnolia x soulangiana) 95
Türkischer Baum-Hasel, Baum-Hasel (Corylus colurna) 121

U
Ulme: hier Feld-Ulme, Feld-Rüster (Ulmus carpinifolia) 106
Urweltmammutbaum, Chinesisches Rotholz (Metasequoia glyptostroboides) 248

V
Vogelbeerbaum, Eberesche (Sorbus aucuparia) 72
Vogelkirsche, Wildkirsche (Prunus avium) 202

W
Wacholder 'Grey Owl', Strauch-Wacholder 'Grey Owl' (Juniperus virginiana 'Grey Owl') 282
Wacholder: hier Gemeiner Wacholder (Juniperus communis) 245
Wald-Hasel, Haselnuss (Corylus avellana) 230
Walnuss, Welschnuss, Nussbaum (Juglans regia) 59
Warzen-Berberitze (Berberis verruculosa) 81
Weidenblättrige Hängemispel, Immergrüne Strauchmispel (Cotoneaster salicifolius var. floccosus) 151
Weigelie 'Eva Rathke' (Weigela-Hybride 'Eva Rathke') 215
Weigelie, Hoher Glockenstrauch (Weigela florida) 138
Weiß-Birke, Sand-Birke (Betula pendula) 217
Weißblütiger Spierstrauch (Spiraea japonica 'Albiflora'): 167
Weißbuche, Hainbuche (Carpinus betulus) 109
Weiß-Weide, Silber-Weide (Salix alba) 164
Wellingtonie, Mammutbaum (Sequoiadendron giganteum) 283

Weymouths-Kiefer, Strobe (Pinus strobus) 26
Wilde Kiwi, Scharfzähniger Strahlengriffel, Strahlengriffel (Actinidia arguta) 223
Wilder Wein, Dreispitz-Jungfernrebe (Parthenocissus tricuspidata 'Veitchii') 16
Wilder Wein, Selbstkletternde Jungfernrebe (Parthenocissus quinquefolia) 35
Wildkirsche, Vogelkirsche (Prunus avium) 202
Winterheide, Schneeheide, Winter-Heide, Schnee-Heide (Erica carnea) 244
Winter-Jasmin, Gelber Winter-Jasmin, Winterjasmin (Jasminum nudiflorum) 58
Winter-Linde, Stein-Linde (Tilia cordata) 234
Winter-Schneeball, Duftender Winter-Schneeball (Viburnum x bodnantense 'Dawn') 211
Wohlriechendes Geißblatt, Jelängerjelieber (Lonicera caprifolium) 128

Z
Zapfen-Tanne, Korea-Tanne (Abies koreana) 241
Zaubernuss 'Westerstede' (Hamamelis x intermedia 'Westerstede') 126
Zierapfel 'Wintergold' (Malus-Hybride 'Wintergold') 135
Zigarrenbaum, Trompetenbaum, Südlicher Trompetenbaum (Catalpa bignonioides) 227
Zirbel-Kiefer, Arve (Pinus cembra) 261
Zuckerhut-Fichte, Zwerghut-Fichte (Picea glauca 'Conica') 250
Zwerghut-Fichte, Zuckerhut-Fichte (Picea glauca 'Conica') 250
Zwerg-Mandel (Prunus tenella) 163
Zwergmispel, Teppichmispel (Cotoneaster dammeri 'Eichholz') 185
Zwergmispel, Teppichmispel (Cotoneaster dammeri 'Radicans') 186
Zwerg-Strobe, Streichel-Kiefer (Pinus strobus 'Radiata') 265

Literaturverzeichnis

BdB Handbuch Laubgehölze, Verlagsgesellschaft „Grün ist Leben" mbH, Bismarckstr. 49, 25421 Pinneberg
BdB Handbuch Nadelgehölze, Rhododendron und Heidepflanzen, Verlagsgesellschaft „Grün ist Leben" mbH, Bismarckstr. 49, 25421 Pinneberg
BdB Handbuch und CD-ROM Rosen, Verlagsgesellschaft „Grün ist Leben" mbH, Bismarckstr. 49, 25421 Pinneberg
Kiermeier, P., Bödeker,N.: Plantus Personal Edition 3.0, CD-ROM Freilandpflanzen Mitteleuropas, Verlag Eugen Ulmer, Stuttgart 1999
Mac Cárthaigh, D., Spehtmann, W.: Krüssmanns Gehölzvermehrung, Verlag Eugen Ulmer, Stuttgart 2000

Mitchell, A., Wilkinson, J.: Pareys Buch der Bäume, Franckh-Kosmos Verlag, Stuttgart 2004
Roth, L., Daunderer, M., Kormann, K.: Giftpflanzen Pflanzengifte, Nikol Verlagsgesellschaft Hamburg, 1994
Seipel, H., Schmitt, J., Bietenbeck, M., Kruse, K.: Fachkunde für Garten- und Landschaftsbau, Verlag Handwerk und Technik, Hamburg 2005
Seipel, H.: Fachkunde für Gärtner, Verlag Handwerk und Technik, Hamburg 2004
Stichmann, W., Stichmann-Marny, U.: Der neue Kosmos Pflanzenführer. Kosmos, Stuttgart 1999